CALLWE

Best of Interior 2018

DIE 30 SCHÖNSTEN WOHNKONZEPTE

TINA SCHNEIDER-RADING — VERA SCHMITZ

CALLWEY

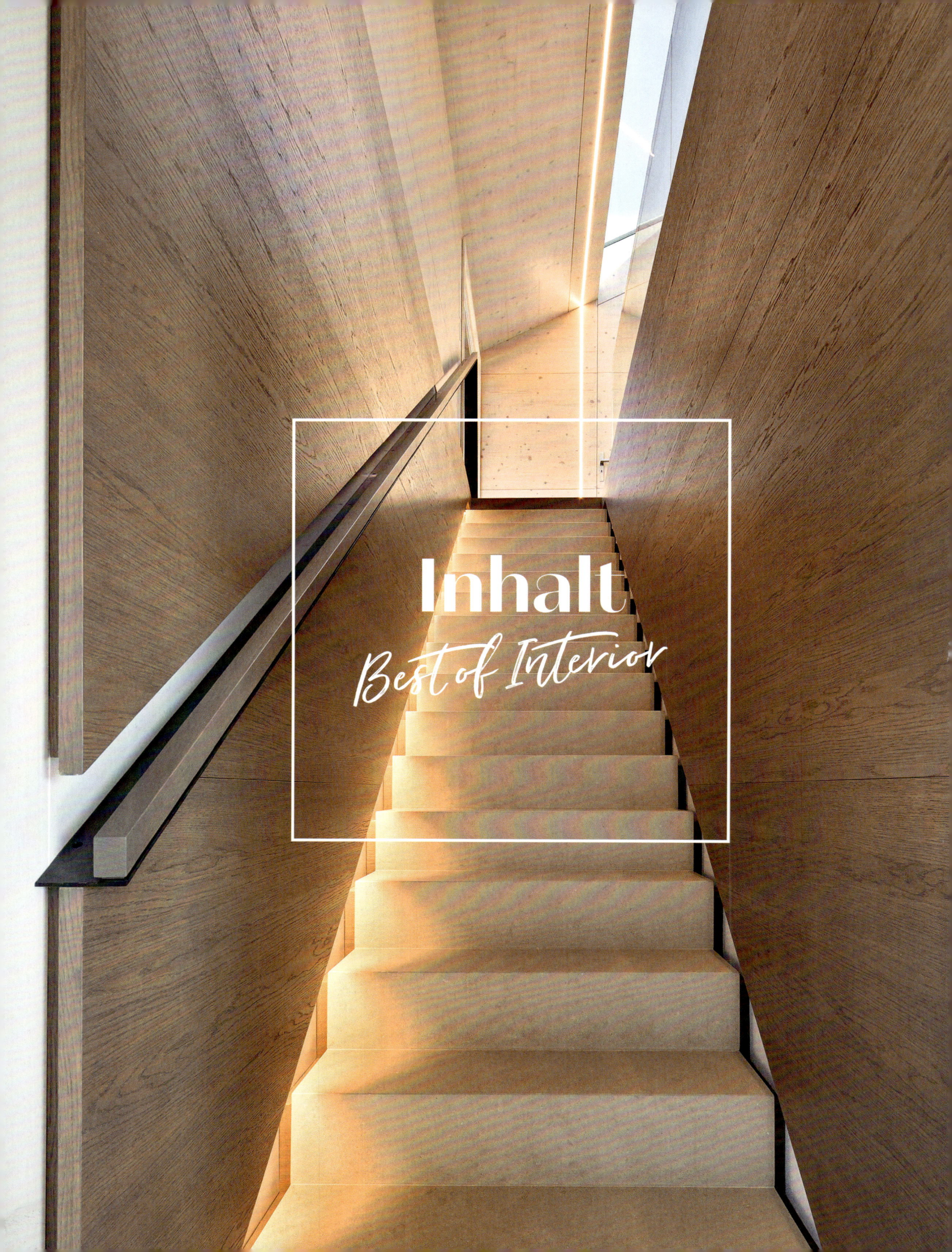

Inhalt
Best of Interior

BEST OF INTERIOR 2018 INHALT

06
VORWORT
Vera Schmitz

10
EINLEITUNG
Tina Schneider-Rading

12
JURY
Die „Best of Interior"-Jury 2018

1. PREIS

18
Dem Himmel
ganz nah
ESTER BRUZKUS ARCHITEKTEN
Berlin

AUSZEICHNUNG

28
Palazzo für
Fortgeschrittene
BÜRO KORB
Hamburg

ANERKENNUNGEN

36
Modernes
Kleid
für alte Meister
VON SAVIGNY INTERIOR
Freigericht

44
Ein Catwalk
für die Sinne
PURPUR
Frankfurt

52
Treffpunkt für
Ästheten
DESIGN IN ARCHITEKTUR
Darmstadt

AUSGEWÄHLTE PROJEKTE

58
Lesebuch des
Lebens
IPPOLITO FLEITZ GROUP
Stuttgart

66
Gesunde
Beziehungsarbeit
HENRIKE BECKER
Lübeck

72
Landhaus in stiller
Perfektion
HMZEILBERGER
Salzweg/Passau

78
Nicht auf Sand
gebaut
ANDRIN SCHWEIZER
Zürich

84
Lichtblicke
unterm Dach
AGNES MORGUET
Köln

90
Spielfläche für zwei
Individualisten
KPLUS KONZEPT
Düsseldorf

96
Meditation
in edlen Materialien
BETHA & SCHNEIDER
Homburg

102
In aller
Offenheit
NOA
Berlin

110
Bergblick im
Basement
FRIES ARCHITEKTEN
Valendar

116
Refugium mit
Sogwirkung
EMMA B. HOME
Hamburg

122
Familienleben
nach Maß
ARNOLD / WERNER
München

128
Wohnkokon mit
Herzenswärme
JONICO
Bad Münstereifel

134
Flexible
Lebensbühne
mit Esprit
AAG LOEBNERSCHÄFERWEBER
Heidelberg

140
Offen für ein
neues Leben
DESIGN IN ARCHITEKTUR
Darmstadt

148
Das Haus der
Harmonie
HENRIKE BECKER
Lübeck

154
Genusszentrum
für jedes Alter
HOLZRAUSCH
München

160
Behaglich,
sachlich, gut
EMMA B. HOME
Hamburg

166
Aus der Enge in
die Weite
ESTHER STROHECKER
Münster

172
Zur Sinfonie
verbunden
BLOCHER PARTNERS
Stuttgart

178
Minimalismus
auf Rezept
STUDIO PLIETSCH
Hamburg

184
Lauter Spitzenideen
SILVIA DECKE
München

190
Offen für die
Vergangenheit
ANNE PRESTEL
München

196
Klare Linie unter
schrägen Wänden
ATELIER N.4
Flöha

202
Warmfront in
den Alpen
ANDRIN SCHWEIZER
Zürich

208
Willkommen in
der Bel Etage
HERZOG, KASSEL + PARTNER
Karlsruhe

214
Produktinformationen
230
Adressen
232
Impressum

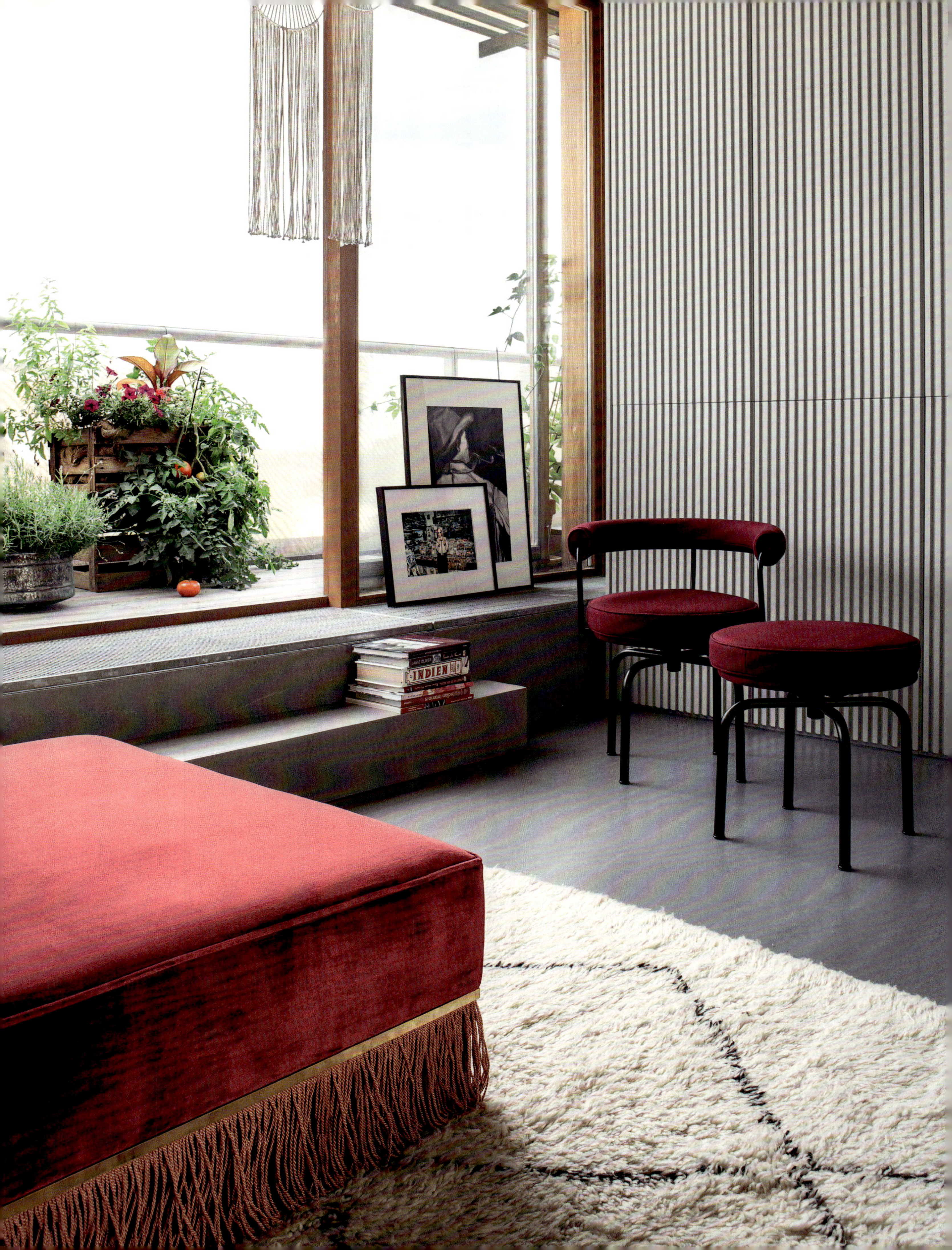

EIN VORWORT VON
Vera Schmitz

„Das Beste des Interieurs oder des Innenraums" – das klingt als Titel des Buches für die Ohren einer Innenarchitektin erst einmal etwas ungewohnt. Im Sprachgebrauch sind die Übersetzung aus dem Englischen und die Verwendung des Begriffs Innenarchitektin oder Innenarchitekt nicht immer ganz eindeutig. Mit dem Begriff Innenarchitekt/-in geht ein Titelschutz für dieses Berufsfeld einher, der in den letzten 50 Jahren in Deutschland realisiert wurde und für die zulässige Verwendung eine qualifizierte Ausbildung wie bei den Architekten voraussetzt. Interior Architect ist da die richtige englische Übersetzung. Wir unterscheiden somit zwischen Interior Design und Interior Architecture als zwei verschiedenen Berufsbildern. Allerdings findet diese Unterscheidung im allgemeinen Sprachgebrauch nicht immer ihre adäquate Berücksichtigung. Ich habe das Glück gehabt, den schönsten Beruf erlernen zu können, den es für mich und für viele andere gibt: Innenarchitektin. Mir war es wichtig, einen Beruf zu wählen, der die Situation von Menschen verbessert und angenehm macht. Deshalb habe ich von einem Medizinstudium zum Studium der Innenarchitektur gewechselt und später noch ein Studium der Architektur daraufgesetzt. Der Mensch und die für den Menschen richtige Gestaltung seines Umfeldes faszinieren mich nach wie vor, insbesondere die Schaffung von Innenräumen mit ihren verschiedensten Anforderungen. Die „Werkzeuge", die wir zur Erfüllung unserer Aufgabe benutzen können, sind vielfältig und die Ergebnisse ebenso unterschiedlich und individuell. Die Gestaltung von Wohnräumen und das Schaffen eines Heimes oder Zuhauses gehört unter anderem mit zu den Aufgabenfeldern unseres Berufes. Das Leben in den eigenen vier Wänden und das Wohnen ist für Menschen ein wichtiges Grundbedürfnis. Der Wunsch, sich vor Kälte oder Hitze, Nässe oder Wind und sonstigen Gefahren zu schützen, führte Menschen bereits in der   »

vorgeschichtlichen Zeit dazu, Höhlen als Zufluchtsort aufzusuchen. Und dieser Wunsch nach Sicherheit, Geborgenheit, Erholung, aber auch Entfaltung ist geblieben. So steht beim Wohnen der Rückzug ins Private heute im Vordergrund, der ein Abschirmen von den Anforderungen und äußeren Einflüssen wie Lärm und anderen Stressfaktoren erst ermöglicht. Der Wohnraum erfüllt aber auch noch viele weitere Funktionen. Willy Frank etwa, der sich mit Innenraumgestaltung befasste, beschreibt schon 1920 in einer Veröffentlichung: „Was heißt Wohnen? Äußerlich betrachtet: ein Organismus aus Hohlräumen, Dingformen, Farben, Lichtführung, Schattenhäufungen, in denen wir einen großen Teil unseres Lebens zubringen. Innerlich betrachtet: die Summe der seelischen Einwirkungen, denen sich ein Mensch am häufigsten und widerstandslosesten aussetzt. Wohnen ist die gebaute, gezimmerte, gewebte Selbstbeeinflussung sehr folgenreicher Art."
Hier klingt bereits an, dass die Umgebung des Menschen einen maßgeblichen Einfluss auf sein Befinden hat. Je nach Art und Ausgestaltung der Umgebung kann dies für Bewohner positiv, aber auch negativ sein. Gute Innenarchitektur ist gekennzeichnet durch die positive Raumwirkung auf Menschen. Wohnräume können jedoch noch mehr. Sie spiegeln ihre Bewohner und deren Bedürfnisse und Individualität wider. Die Kunst, die persönliche Note der Bewohner in der Gestaltung der Innenräume zu zeigen, bedarf einer intensiven Auseinandersetzung mit dem Bewohner. Hier wird zudem deutlich, dass gute Innenarchitektur nicht einfach kopiert werden kann.
Menschen sind unterschiedlich aufgrund ihrer kulturellen Herkunft und Prägung, ihrer persönlichen Situation und individuellen Bedürfnissen und ihrer Möglichkeiten. Gute Innenarchitektur zeichnet sich dadurch aus, dass sie diese unverwechselbaren Innenräume schafft, sowohl gestalterisch als auch technisch plant und zu gebautem Raum werden lässt.
In diesem Buch sehen wir einige Beispiele eindrucksvoller Wohnräume und gelungener Innenarchitektur. Der Titel des Buches nimmt damit in wunderbarer Weise Gestalt an und es zeigt sich, was mit Best of Interior gemeint ist.

Viel Freude mit dem Buch!

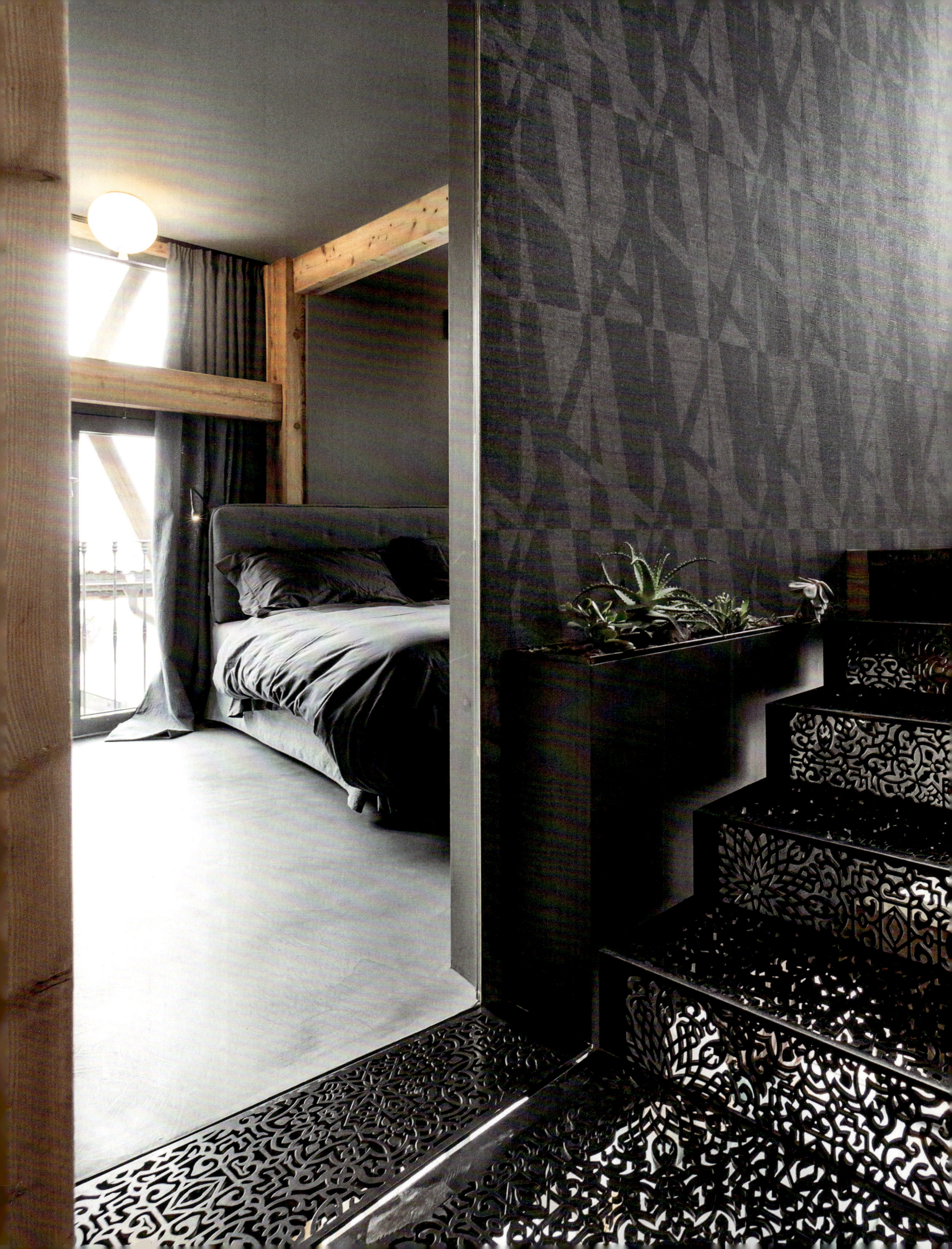

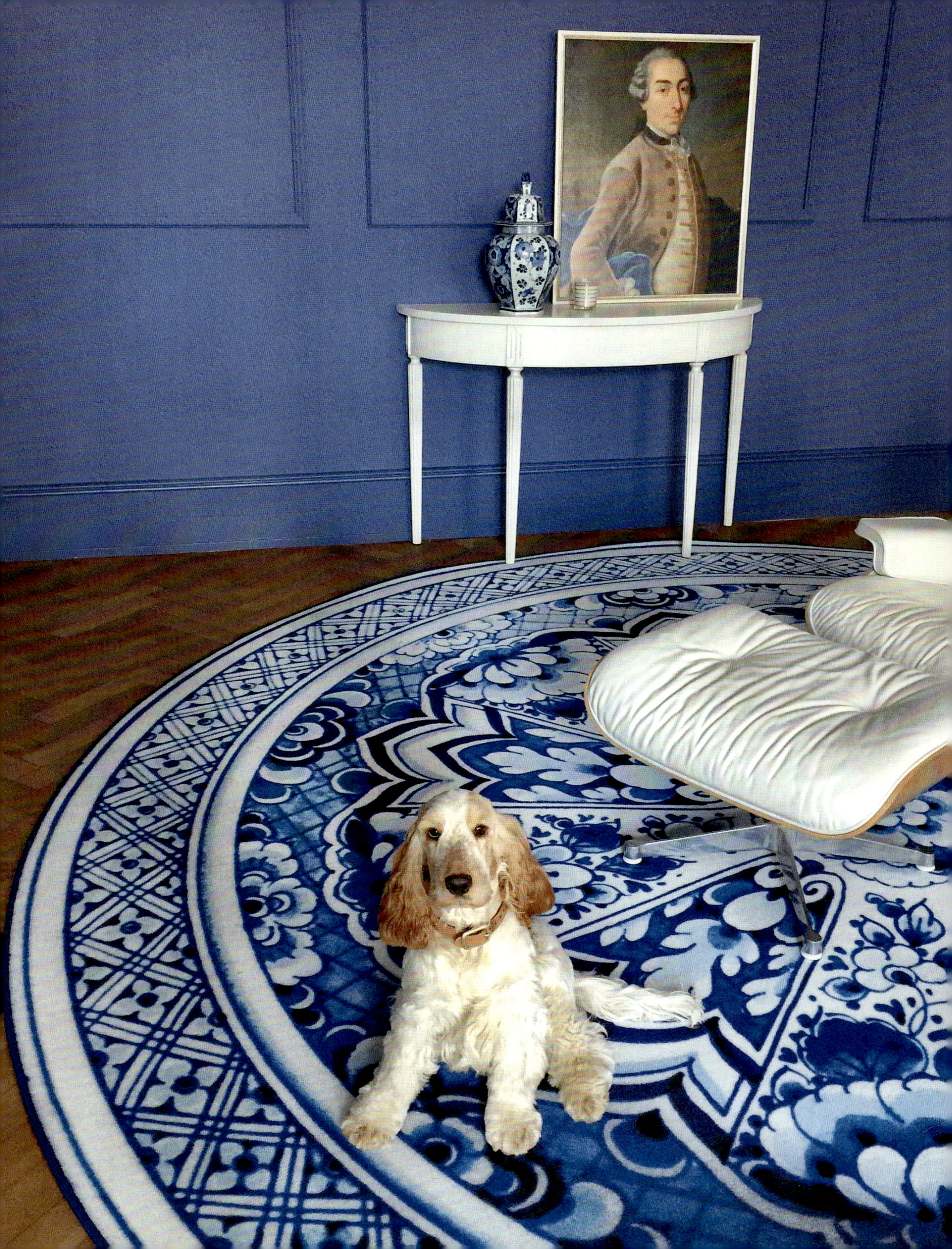

Auf der privaten Bühne

AUSBREITEN, INSICHGEHEN. GUTES INTERIOR DESIGN LÄSST RAUM IN JEDE RICHTUNG. VOR ALLEM ABER UNTERSTÜTZT ES DIE BEWOHNER DARIN, GANZ SIE SELBST ZU SEIN

Die Menschen in diesem Buch sind einander vermutlich nie begegnet. Sie haben in Paris oder in Rosenheim Architektur oder Innenarchitektur studiert, eine Schreinerlehre in der Tasche oder eine Ausbildung in Handweberei oder Marketing absolviert. Sie führen Büros mit 20 Angestellten oder arbeiten allein im Homeoffice. „Woher und wann kommt Ihre Inspriation", haben wir sie gefragt. Aus der Natur, auf der Autobahn oder an der Supermarktkasse. Beste, weil frechste Antwort: „Das müssen Sie die Inspiration fragen." Dennoch erkennen wir in allen Protagonisten die gleiche Berufung: Sie sind Bühnenbildner. Sie erwecken einen Kubus zum Leben.

Hier zeigen sie ihre Meisterleistungen. Bereits zum dritten Mal haben wir zur Wahl des „Best of Interior" aufgerufen. Was ursprünglich als Blogger-Projekt begann, ist mit den Jahren erwachsen geworden und heute eine Instanz in der Einrichterbranche. Denn dieses Buch versammelt Deutschlands beste Innenarchitekten. Die Gestalter reichten Fotos ihrer gelungensten Projekte ein und beantworteten Fragen rund um ihr Schaffen. Die Jury um SCHÖNER-WOHNEN-Chefredakteurin Bettina Billerbeck und BDIA-Präsidentin Vera Schmitz wählte in mehreren Durchgängen die 30 besten Einsendungen aus. Dafür stiegen die Jurymitglieder – im übertragenen Sinne – in den Keller und kletterten bis unters Dach. Warfen vom Garten aus einen Blick ins Wohnzimmer, sahen sich im Bad um, öffneten manchmal sogar Schränke und Küchenschubladen. Sie diskutierten heiß und einigten sich schließlich auf eine exzellente Auslese: ein klarer Gewinner, eine Auszeichnung für besondere Materialität und drei Anerkennungen. Alle Projekte sind Musterbilder gelungener Innenarchitektur und ein repräsentabler Querschnitt zeitgemäßer Wohnraumgestaltung. Perfektion ist eben überall zu Hause: in Berlin und in Bad Münstereifel. In der 28-Zimmer-Villa in Indien oder im oberbayerischen Landhaus, in der Kölner Altbauwohnung oder im Holzstadel in Südtirol.

Die Bauherren sind so verschieden wie ihre Innenarchitekten. Sie stecken in unterschiedlichen Lebensabschnitten, sind frisch zusammengezogen und erwarten ihr erstes Kind. Nutzen ihr Apartment als Zweitwohnsitz oder Feriendomizil. Oder haben sich ein Altersrefugium gegönnt, das ihren Ansprüchen ans Wohnen endlich voll und ganz entspricht. Inneneinrichter sind keine Psychologen – obwohl einige statt Architektur tatsächlich gern Psychologie studiert hätten. Aber sie sind exzellente Menschenkenner. Denn Menschen spielen in der Kulisse, die sie gestalten, die Hauptrolle. Hier können sie ganz sie selbst sein – nur dann ist für einen guten Interior Designer ein Projekt nicht nur erfolgreich abgeschlossen, sondern grundlegend gelungen. Es geht in der Innenarchitektur nicht allein darum, schön zu wohnen. Sondern darum, dass sich die Persönlichkeit hier mit allen Facetten zu Hause fühlt.

Die „Best of Interior"-Jury

UNSERE FÜNF INTERIOR-EXPERTEN STELLTEN JEDER BEWERBUNG DREI FRAGEN: WIE MUTIG IST DIE GESTALTUNG? WIE KOMPROMISSLOS? UND VOR ALLEM: ERZÄHLT SIE EINE GESCHICHTE, DIE SICH OHNE UMWEGE ERSCHLIESST?

Carolin Stephan

entwirft seit über zehn Jahren zeitlos moderne Interiors. Immer trifft dabei Design auf Sinnlichkeit – zu erleben auch in ihrer Erotik-Boutique in München.

CAROLINSTEPHAN.DE

Robert Stephan

ist mit Carolin Stephan der Vorjahressieger des Best of Interior-Awards. Er ist Spezialist für die moderne Inszenierung von Klassikern.

STEPHAN-INTERIORS.COM

Vera Schmitz

arbeitet als freischaffende Innenarchitektin und Architektin und ist seit 2011 Präsidentin des Bund deutscher Innenarchitekten.

BDIA.DE

Bettina Billerbeck

zeigt als Chefredakteurin des Lifestyle-Magazins SCHÖNER WOHNEN Monat für Monat das Beste aus der Welt des Einrichtens.

SCHOENER-WOHNEN.DE

Gudy Herder

sagt mit ihrer Agentur ECLECTIC TRENDS zuverlässig voraus, wohin die Reise in Interior und Lifestyle in den kommenden 24 Monaten geht.

ECLECTICTRENDS.COM

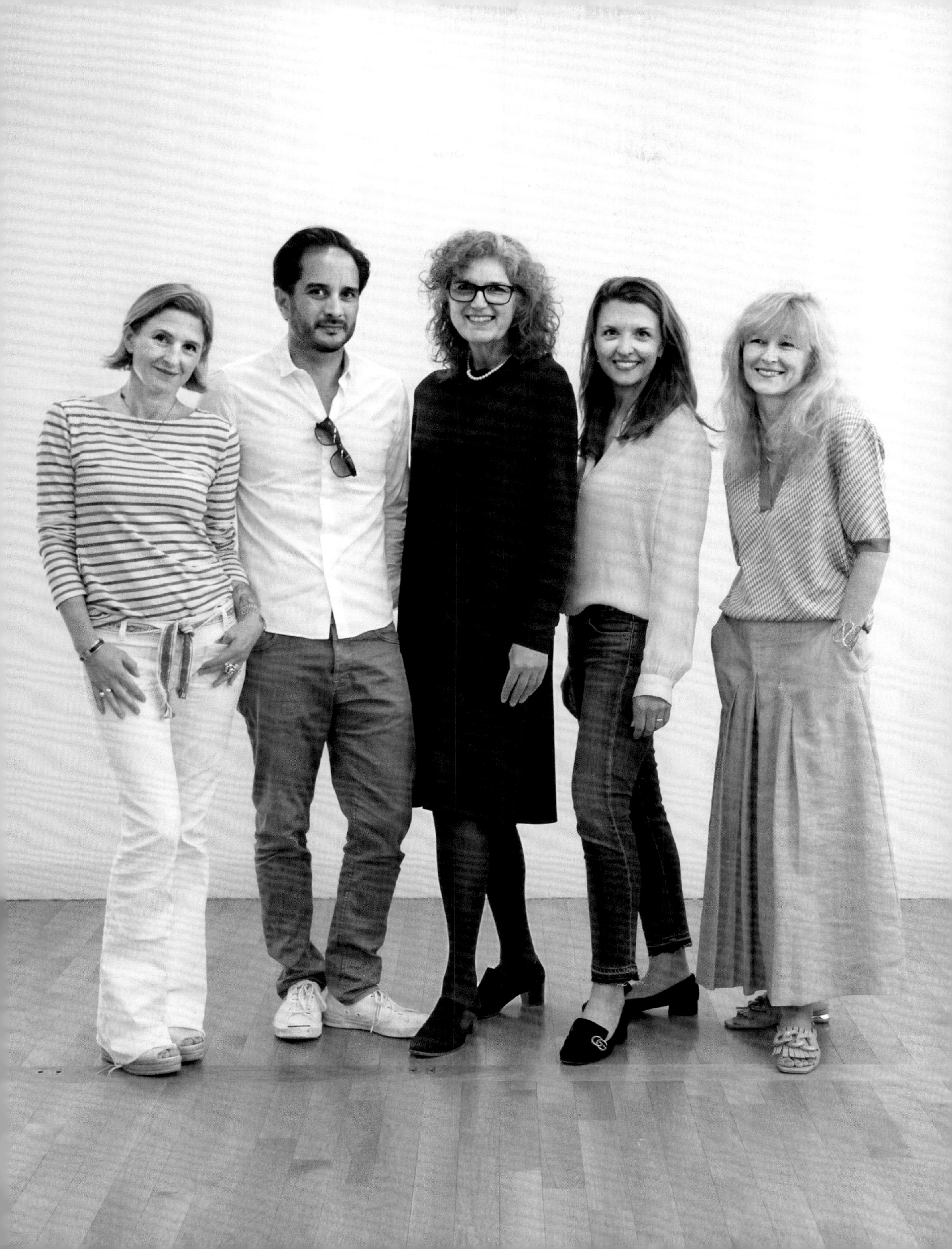

BEST OF INTERIOR AWARD 2018

1. Preis
Auszeichnung
Anerkennungen

• 1. PREIS •

Ester Bruzkus Architekten

EINE LAUDATIO VON
Bettina Billerbeck

Rosa und Hellgrün, Samt und Fransen, Beni-Ourain-Teppich und Terrazzo – angesagter geht es kaum. Unglaublich, dass hier sämtliche aktuelle Wohntrends auf 80 Quadratmetern umgesetzt sind. Und dennoch strahlt die Einrichtung von Ester Bruzkus etwas Zeitloses aus, das Design wirkt nicht zu modisch – das könnte mit den zahlreichen Klassikern zu tun haben, wie den Wishbone Chairs und dem Sessel LC7 von Cassina. Der Designerin ist es geglückt, eine rechteckige Wohnung gemütlich, hochwertig und modern zu gestalten. Im Wohnbereich gelang das in erster Linie durch die Farbkombination und den gekonnten Einsatz von Textilien. Kein Samt schimmert edler als der legendäre „Splendido" von Dedar, mit dem Ester Bruzkus ihre Polstermöbel bezogen hat. Der Berberteppich ist ein Liebling der Stylisten, fast hat man sich schon an ihm satt gesehen, aber er gliedert den Raum und nimmt selbst dem hocheleganten Fransenpouf das latent Großbürgerliche – sehr clever! Dass sich im angrenzenden Essbereich das Rosa-Grün-Thema wiederholt, ist auch eine gute Idee in einem offenen Raumkonzept wie diesem. Der Tisch hat fast etwas von Memphis, dem Revival-Thema der letzten Monate. Die Teppiche und Einbauschränke sind es, die den rechteckigen Grundriss im besten Sinne bewältigen und in verschiedene Wohnbereiche gliedern. Dass sich hinter den Türen der Stauraummöbel in unterschiedlichen Farben lackierte Borde verbergen, wird die Besitzerin jeden Tag aufs Neue freuen. Die Kombination von Messing und Terrazzo in Küche und Bad ist schwer angesagt. Hier garantieren die klassischen Vola-Armaturen Zeitlosigkeit. So möchten wir heute wohnen, das ist im wahrsten Sinne *Best of Interior 2018*.

1. PREIS

Dem Himmel ganz nah

ESTER BRUZKUS ARCHITEKTEN
// BERLIN

SALONFÄHIG Sinnliche Oberflächen wie Samt und Marmor machen das Wohnzimmer zum glamourösen Mittelpunkt des Dach-Apartments.
Sofa Studio Coucou **Beistelltische** Bruzkus Batek **Wandleuchte** PSLab **Wandfarbe** 32042 Vert Anglais Pale, Les Couleurs® le Corbusier

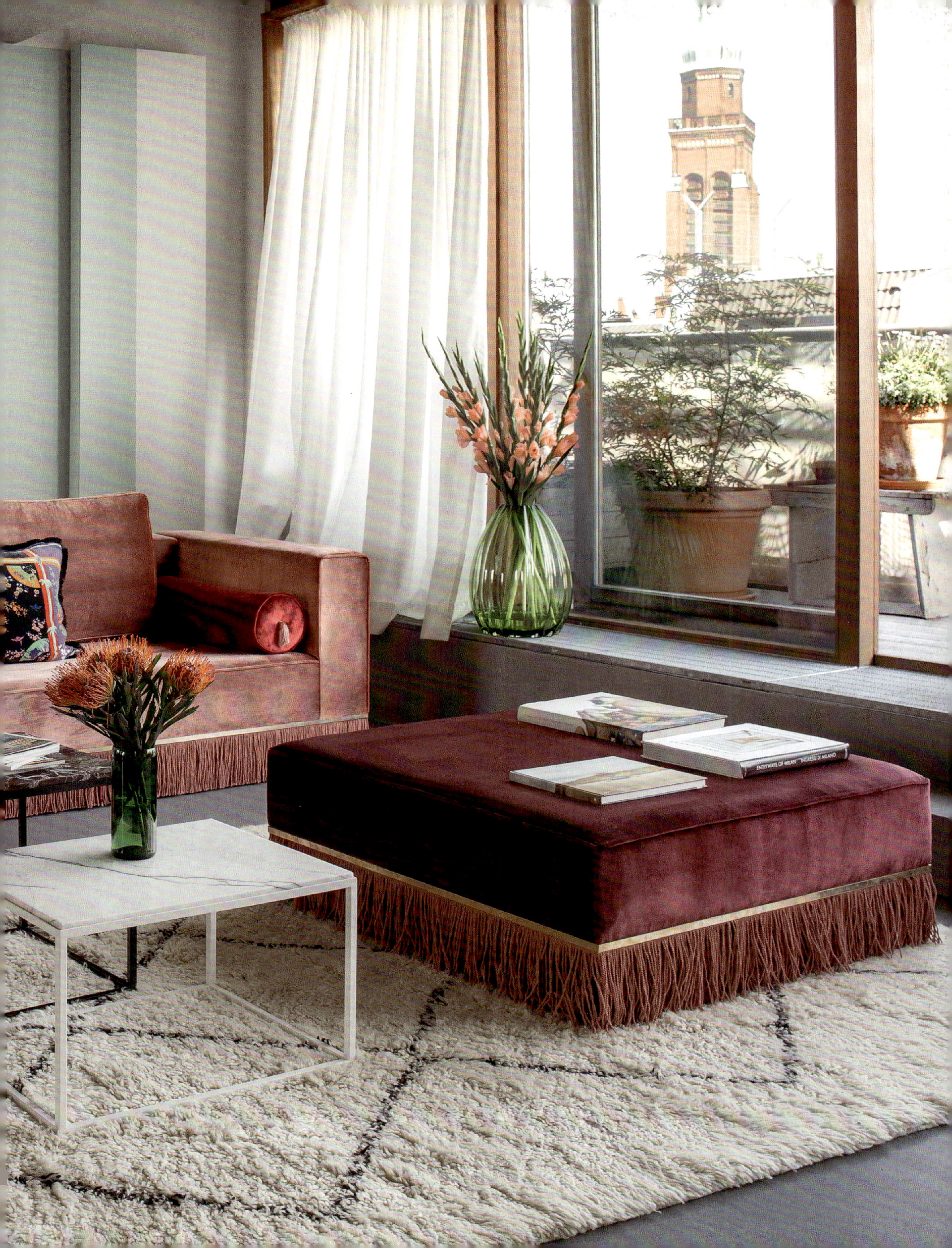
ENTRYWAYS OF MILAN INGRESSI DI MILANO

KOMPOSITIONSKUNST
Ester Bruzkus spielt mit sanften Farbsinfonien. Auch die Materialien treffen sich zum wohlklingenden Akkord, von Eiche bis Terrazzo.
Porzellan Hanz Achtziger 1950, Hutschenreuther Vintage **Tisch** Memphis Melon by Studio Coucou **Stühle** Carl Hansen

RUHEZONE Das Schlafzimmer ist allein durch eine Schrankwand vom Wohnbereich abgetrennt. Ein offener Raum mit wohldosierter Kunst und handgearbeiteten Textilien.

Wandfarbe L'ocre rouge clair, Les Couleurs® le Corbusier **Decke & Kissen** Miriam Dalis

PRIVAT-SPA Das Bad strahlt die Sinnlichkeit eines modernen Hammams aus – eine Raumskulptur, die vom Boden bis zur Betondecke mit Terrazzo ausgekleidet ist.

Armaturen Vola

W Wenn es um ihre Arbeit geht, hat Ester Bruzkus schnell eine Anekdote parat: „Eine Interessentin stellte mich ihrer Freundin vor mit den Worten: ‚Das ist Ester Bruzkus. Fast wäre sie meine Raumausstatterin geworden!'" Raumausstatterin! Heute amüsiert sie sich darüber, dennoch: So will sie nicht gesehen werden. Ihr Titel ist „Architektin Dipl.-Ing.", sie studierte in Berlin und Paris und leitet seit 2002 ihr eigenes Büro mit einem Dutzend Mitarbeitern. Sie arbeitet sauber und scharfsinnig, konsequent und grundlegend – und niemals allein dekorativ. Nach diesem Prinzip baut sie Restaurants aus wie Tim Raues „Dragonfly" in Dubai. Entwirft den Innenausbau für Kunstgalerien, Praxen und Lichtspielhäuser. Gestaltet ganze Hotels, ob in Berlin oder Wladiwostok, Leipzig oder Sankt Petersburg.

Ihre Aufträge haben eine enorme Spannweite und doch folgt sie am Anfang stets dem gleichen Muster: „Immer wenn ich ein neues Projekt zum ersten Mal betrete, überlege ich, was wohl hinter dem Trockenbau steckt." Ester Bruzkus geht den Dingen gern auf den Grund. Und sie mag es aufgeräumt, ob Grundriss, Innenausbau oder persönliche Angelegenheiten. Ihr Schreibtisch ist leer, bis auf einen To-do-Stapel, eine japanische Stiftebox und eine Karaffe Wasser. Diese Katharsis hat einen Grund: Nur auf freiem Feld können neue, überraschende Dinge wachsen. „Ohne diese Grundlage funktioniert kein Entwurf."

Auch in ihrem eigenen Zuhause an der Grenze zwischen Prenzlauer Berg und Berlin-Mitte ist sie so kompromisslos vorgegangen. Nach zwei Jahren im selbst ausgebauten Apartment in der zweiten Etage legte sie sich vor Kurzem eine Wohnung im obersten Stockwerk zu. „Mein Konzept war: Das Gleiche noch mal, aber diesmal ganz anders", sagt sie. „Alles wurde herausgerissen. Nur die Außenwände, die Fenster, der Boden und die Decke sind geblieben." Tabula rasa, so wie sie es auch bei ihren anderen Projekten gerne hat. „Ich liebe den Moment, wenn ich nach dem Abriss das erste Mal auf der Baustelle bin", erklärt sie. „Kurz bevor es richtig losgeht."

Ihre 80 Quadratmeter Wohnfläche teilte sie so geschickt in persönliche und öffentliche »

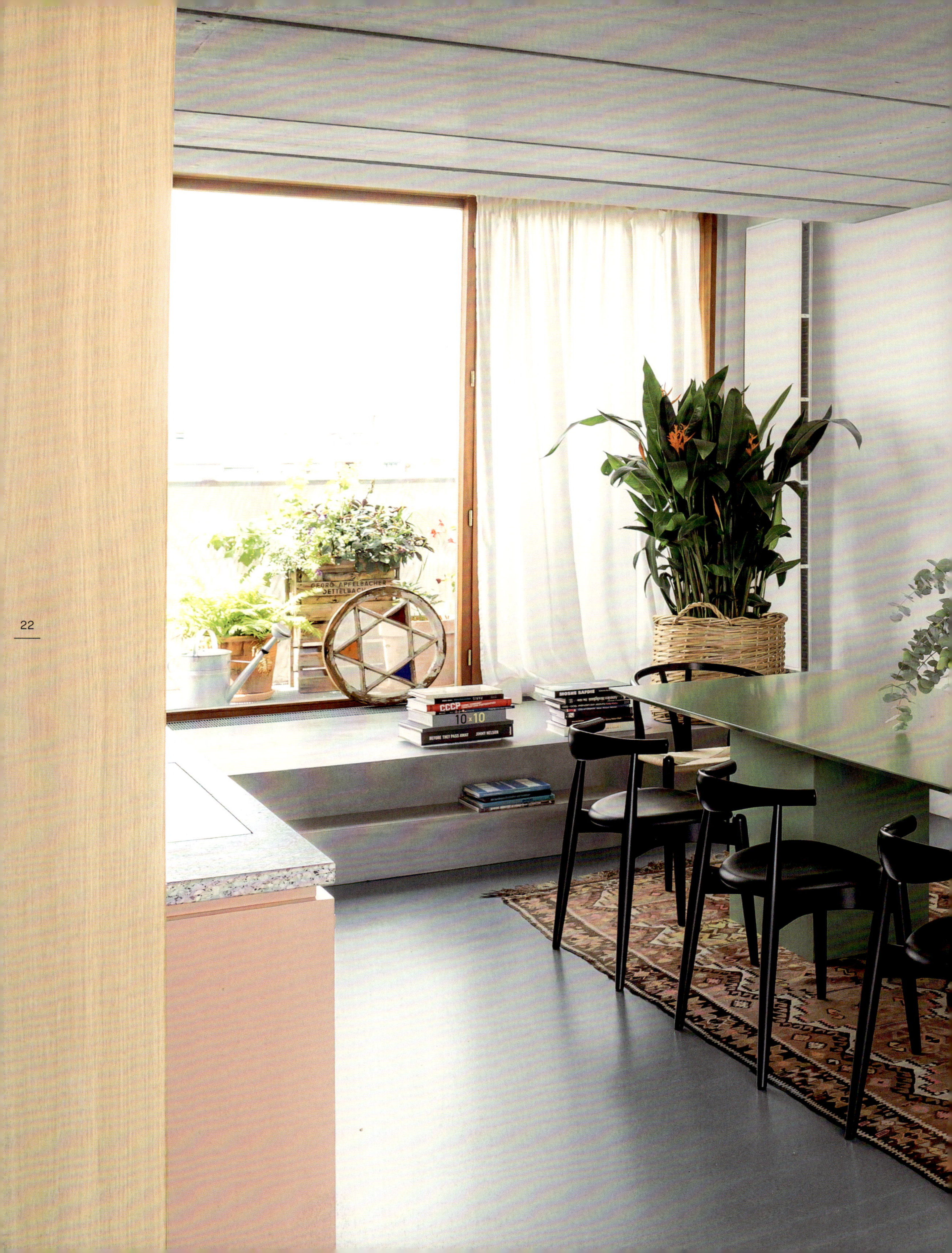

IN BESTER GESELLSCHAFT
Wie wohnt eine Architektin?
Mit Eigenkreationen, die
sogar neben Designklassi-
kern bestehen. Und mit Er-
innerungen, die ihr Interieur
unverwechselbar machen.
Esstisch Memphis Melon by
Studio Coucou **Stühle** CH24 &
CH20, Carl Hansen **Wandfarbe**
4320b Blanc Ivoire,
Les Couleurs® le Corbusier

Ester Bruzkus Architekten

STILVOLL ABHÄNGEN
Auf den selbst entworfenen Holzpodesten verliert Ester Bruzkus nie die Bodenhaftung, mit Kissen und Kelim sorgt sie für lässige Behaglichkeit.

Bepflanzung Marsano
Landschaftsarchitektur
Anja Knoth

"Es gilt, dem ursprünglichen Entwurf treu zu bleiben. Und immer wieder zu prüfen, ob man auf dem richtigen Weg ist."

ESTER BRUZKUS
ESTER BRUZKUS ARCHITEKTEN

Details
ESTERS APARTMENT 2.0

Anzahl der Bewohner:
2 Personen

Wohnfläche:
80 qm

Gesamtfläche:
150 qm

Fertigstellung:
04/2017

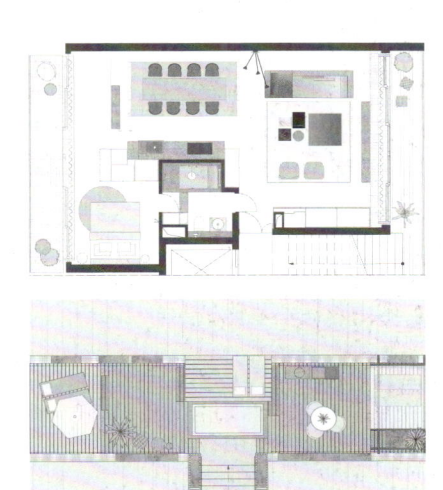

Zonen ein, dass der Kubus nun licht und weit wirkt wie ein Loft – angenehm aufgeräumt eben. Zwischen mattgrauem Zementboden und Sichtbetondecke entfaltet Ester Bruzkus einen Detailreichtum, der die Augen auf Entdeckungsreise schickt. Das Bad etwa ist komplett mit Terrazzoplatten ausgekleidet. Auch der Waschstein in der Küche ist aus dem Baustoff gefertigt. Ihr Lieblingswerkstoff? Sie schüttelt entschieden den Kopf: „Jedes eingesetzte Material gehört zur Gesamtkomposition." Doch nur die schöne Oberfläche genügt der Architektin nicht, sie dringt vor bis in die tieferen Schichten. „Alle Schränke haben innen unterschiedliche Farben", verrät sie und öffnet die Eichentüren ihrer Garderobe: Die Kanten der Einlegeböden strahlen gelb. In der Bibliothek leuchten sie blau, in der Küche grün, im Kleiderschrank mint und rosa. Mit eigenen, sehr weiblichen Möbelentwürfen wie dem Samtsofa „Canapée bordeaux" führt sie ihren Einrichtungsstil noch eine Nuance weiter als in ihrer früheren Wohnung. Folgerichtig nennt sie ihre glamouröse Wohnbox „Esters Apartment 2.0" und beteuert: „Diese Wohnung ist 100 Prozent Ester Bruzkus."

Natürlich nutzt sie ihr Domizil als Rückzugsort – aber nicht nur zum Ausruhen: „Ich arbeite eigentlich rund um die Uhr", sagt sie. Wenn sie nicht an ihrem selbst entworfenen Esstisch über Plänen sitzt, liest sie Bücher, um sich von anderen Lebenswirklichkeiten inspirieren zu lassen. Außerdem empfiehlt sie jedem, sich große Architektur und Kunst anzuschauen: „Das müsste bereits im Kindergarten losgehen!" Ester Bruzkus selbst wuchs in einem Haus auf, in das morgens und spätnachmittags viel Licht durch die großen Fenster fiel. „Jeden Tag den Sonnenauf- und -untergang zu erleben, das ist ein großes Geschenk." Sie geht auf ihre Dachterrasse, die Holzbohlen unter den nackten Füßen, umgeben von Vogelgezwitscher. Die Sonne steht tief, Ester Bruzkus schaut auf die Flugzeuge, die von Tegel in die Ferne starten, auf den Fernsehturm und auf das Häusermeer unter ihr. Keine Frage, da gibt es noch jede Menge aufzuräumen.

· AUSZEICHNUNG ·

Büro Korb

EINE LAUDATIO VON
Vera Schmitz

Die Wohnung besticht durch die klare Strukturierung der Raumnutzung und die ruhige Farbgebung. Die Formensprache der einzelnen Elemente und die Einbauten sind ausgewählt und harmonisch aufeinander abgestimmt. Die Großzügigkeit der Räume wird durch die gezielte Positionierung der Einrichtung unterstrichen. Die exklusiven Leuchten und der raffinierte Einsatz von indirektem Licht betonen jedes Zimmer in seiner Wirkung und Funktion. Traditionelle Handwerkstechniken zeigen hier in den individuellen Auslegungen ihre volle Wirkung und erscheinen fast als Kunstwerk. Großformatige Gestaltelemente bestimmen den Charakter der Räume und jedes Detail ist bis ins Kleinste durchdacht und auf seine Bewohner zugeschnitten. Hochwertige und erlesene Materialien entfalten in ihrer Anwendung eine einzigartige Wirkung im Raum und unterstreichen die konsequente und lineare Gestaltsprache. Ein Hauch der Moderne der zwanziger Jahre überzieht die Wohnung und zeigt sich in ihrer Interpretation des 21. Jahrhunderts. Eine zeitlose Eleganz und eine vornehme Zurückhaltung prägen den Ausdruck dieser Wohnung – gelungene Innenarchitektur in jeder Beziehung.

AUSZEICHNUNG

Palazzo für Fortgeschrittene

—

BÜRO KORB
// HAMBURG

Exklusive Materialien als Visitenkarte: Der Hausherr arbeitet vor einer beleuchteten Wand mit Acrylspachteloberfläche, der Medienschrank ist mit Edelholz belegt.
Schreibtisch Poltrona Frau **Sessel** Vitra **Hocker** Freifrau **Medienschrank** Schultze & Schultze **Stoff** Kvadrat

Das großzügige Entree des Apartments zitiert die italienische Moderne der 1920er-Jahre – mit Marmorboden in Wellenstruktur und Messinglüster.

Hängeleuchte Viabizzuno **Fußboden** Mortensen **Sofa, Kissen & Beistelltisch** privat

OBEN Metall ist das stilistische Leitmotiv. Elegantes Detail: Die Wand aus gebeiztem Metallblech im Eingang nimmt mit ihrer Einfassung das Wellenmosaik des Marmorbodens auf.
Metallwand Joachim Walther (Maßanfertigung)

UNTEN Im Wohnbereich sorgt ein Fliesenboden in Betonoptik für moderne Sachlichkeit. Schimmernde Vorhänge, Teppich und Sofa steuern Sinnlichkeit bei.
Fliesen Fondovalle **Sofa** B&B Italia **Teppich** privat

O

Ob luxuriöse Hotels in Hamburg und München, Restaurants und Bars, Praxen, Reha-Zentren oder Lichtspielhäuser: Das Hamburger Büro Korb ist spezialisiert auf erlesene Modernisierungen, in Deutschland und weltweit. Das Apartment eines kosmopolitischen Ehepaares im Villenviertel Harvestehude reizte Thomas Korb und sein Team allerdings besonders. Gewünscht wurde eine geradlinige Innenarchitektur mit Anleihen an die italienische Moderne der zwanziger Jahre, ein sogenannter Palazzo-Stil. „Es war eine Herausforderung, den Ansprüchen der Kunden gerecht zu werden", erinnert sich Stefan Trompeter, freier Innenarchitekt im Team. Entstanden ist auf den 200 Quadratmetern Wohnfläche nicht nur ein repräsentatives Beispiel für meisterhafte Innenausstattung, sondern auch eine exklusive Galerie für Materialkunde.

Metall ist in den Räumen das Leitmotiv, sowohl in den öffentlichen als auch in den privaten Bereichen. „Die Freude am Material sollte überall spürbar sein", sagt Stefan Trompeter. Bereits im Entree empfängt den Gast eine Wand aus gebeiztem Metallblech, das mehrfach gekantet ist und indirekt beleuchtet wird. Ihre schmale Einfassung nimmt das wellenförmige Muster des italienischen Marmorbodens auf. Gegenüber versteckt eine bronzierte Spiegelwand die ge- »

samte Haustechnik. Die Wohnung ist voller maßgeschneiderter Innenausbauten und handwerklicher Sonderanfertigungen. „Ganz wichtig waren den Auftraggebern die hohe Individualität und Qualität." Die handgearbeiteten Schränke im Esszimmer glänzen mit Seiten und Blenden aus bronziertem Metall, die goldene Krakelee-Oberfläche der Fronten entstand durch gebrochenen Lack auf Leinwand.

Sogar im Unterbau der Waschtische im Badezimmer hat sich das Material ausgebreitet – als platinfarbene Metallspachtelbeschichtung. Im Arbeitszimmer des Hausherren sind die Elemente besonders elegant verarbeitet, der Medienschrank aus hochglanzlackiertem Edelholz neben dem Schreibtisch ist mit Metall eingefasst. Und natürlich gingen Thomas Korb und sein Team auch auf die technischen Sonderwünsche des Eigentümers ein: Im Badezimmer ist ein Flatscreen in den raumhohen Spiegel über dem Waschtisch integriert, ein zweiter Monitor im Wohnzimmer verschwindet auf Knopfdruck hinter flächenbündigen Wandpaneelen. Der von drei Seiten einsehbare Gaskamin unter dem TV-Gerät ist in die Einbauwand integriert – eine innenarchitektonische Meisterleistung. „Der beste Moment während eines Projekts ist, wenn man auf der Baustelle merkt, dass es gut wird", verrät Innenarchitekt Thomas Korb. So ging es ihm auch hier: Die handwerklich exzellenten Sonderanfertigungen der Bodenbeläge, der Wandpaneele und einzelner Möbel und Einbauten machen das exzentrische Apartment zur Stil-Oase – und den ausgebildeten Tischler Korb außergewöhnlich stolz.

Der Schwerpunkt wird in allen Varianten gezeigt, ohne dass das Interieur zu maskulin oder schwer wird. Im Gegenteil: In den großen Räumen wirkt das Material, sorgsam beleuchtet und dosiert, sogar sehr sinnlich. Woher nimmt Thomas Korb die Inspiration für diese Gestaltungsflut? „Man sieht nur, was man weiß", sagt er. Also wälzt er Bücher und Magazine, stillt auf Reisen seinen Wissensdurst. „Für uns ist es unerlässlich, immer weiter zu lernen und die Welt zu entdecken." Für ihn ist seine Arbeit, egal wie exzentrisch sie auch sein mag, ein Akt der Selbstverwirklichung. Privat mag er es stiller und wesentlich bescheidener. Liebste Freizeitbeschäftigungen? Lesen, kochen – und gärtnern.

OBEN Schöne Perspektiven: Der Gaskamin öffnet sich zum Wohn- und Essbereich, der Flatscreen verschwindet auf Wunsch in einer Einbauwand.
Gaskamin Vereinigte Ofen- und Kaminwerkstätten Hamburg **TV** Loewe

RECHTS OBEN
Kreatives Netzwerk: Die Krakelee-Oberfläche des Esszimmerschranks besteht aus gebrochenem Lack auf Leinwand.
Schrank Welter Manufaktur für Wandunikate

RECHTS Im verspiegelten Bad hilft Jeff Koons' "Balloon Dog" als Mosaik beim Abtauchen.
Armaturen Vola **Leuchte** Occhio **TV im Spiegel** Ad Notam **Mosaik** Mortensen

Büro Korb

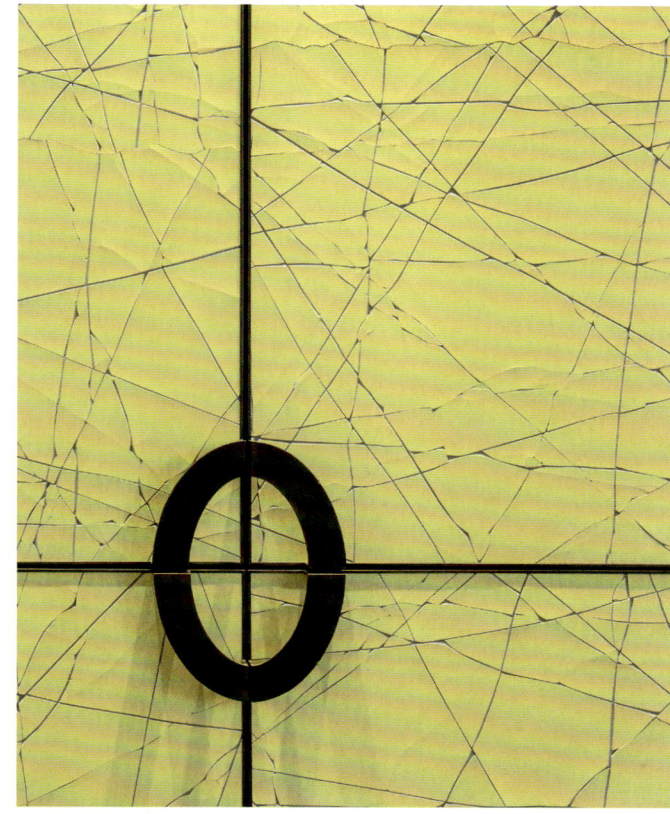

"Stilsicherheit bedeutet, für eine bestimmte Umgebung das richtige Ambiente zu entwickeln."

STEFAN TROMPETER & THOMAS KORB
BÜRO KORB

Details
APARTMENT IN EINER STADTVILLA

Anzahl der Bewohner:
2 Personen

Wohnfläche:
200 qm

Gesamtwohnfläche:
200 qm

Fertigstellung:
11/2016

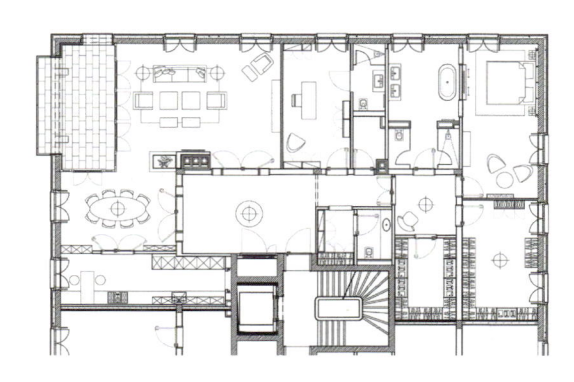

· ANERKENNUNG ·

Von Savigny

EINE LAUDATIO VON
Carolin Stephan

Ein Raum wie ein Bild. Ein Bild wie ein Raum.
Konsequent und plakativ, ohne plump oder leblos zu sein.
Dieses Interior hat sofort meine Aufmerksamkeit auf
sich gezogen. So klar durchdacht, modern und
kompromisslos umgesetzt. Die Farbkomposition aus Rot,
Weiß und Blau empfinde ich als elegant und frisch zugleich.
Diese Mischung aus ehrwürdiger Kunst und Antiquitäten
und aktuellem, zeitlosem Design ist in meinen Augen
modern, ohne modisch zu sein. Ein royalblauer antiker
Schrank vor einer ebenso blauen Wand, ein Schlafzimmer,
welches in Gedenken an das Verlobungszimmer zwingend
in Rot getaucht werden musste, ein Teppich wie ein
holländischer Porzellanteller. Diese Wohnung zaubert
mir ein „twinkle in the eye" und ich verbeuge
mich vor so viel Mut und Kreativität.
Dieses Interior könnte man ebenso in Paris, London
oder New York finden. Dass diese Räumlichkeiten hier
in Deutschland gestaltet wurden, macht zuversichtlich.
Ist das deutsche Wohnen doch leider noch immer
geprägt von Interior Design getreu dem Motto „Da kann
man nix falsch machen". Dass es auch anders geht,
freut mich immer wieder. Also ein großes Kompliment an
die Bauherrin und Interior Designerin, die diesen
Weg gegangen ist. Bravo!

Ein Ballsaal voll gutem Design: Sabine von Savigny lässt im Wohnraum ihres Guts-Apartments Klassiker aus mehreren Jahrhunderten den feinen Geschmack feiern.
Holzhocker Vitra **Teppich** Moooi **Schalensessel** Vitra **Sofa-Bezugsstoff** Romo **Wandfarben** Caparol

ANERKENNUNG

Modernes Kleid für alte Meister

VON SAVIGNY INTERIOR
// FREIGERICHT

OBEN Bonjour Noblesse: Die Innenarchitektin durchstöberte die Ahnengalerie ihres Mannes, ließ einzelne Porträts vergrößern und auf Leinwand drucken.
Regal Lema **Stuhlbezug** Zimmer + Rohde

RECHTS Perfektes Farb-Duett: Die Schlafnische ist in feuriges Rot getaucht, inklusive der über vier Meter hohen Decke. Das tiefe Blau kühlt die Stimmung gekonnt ab.
Nachttische USM Haller **Tischleuchten** Foscarini **Bett** Ikea **Bettwäsche & Lüster** privat

A

„Am Anfang", sagt Sabine von Savigny, „steht immer das freihändige Skizzieren, die Suche mit dem Stift in der Hand, möglichst ohne zu denken, ohne Ziel." Manchmal spürt die Innenarchitektin auch Fehler auf, sucht nach den Mutationen in einem Raum. Oder sie geht der Geschichte eines Hauses auf den Grund – weil nur aus der Vergangenheit Neues entstehen kann. Ihr eigenes Zuhause, ein denkmalgeschütztes Hofgut an der hessisch-bayerischen Grenze, wurde ursprünglich als Gartenpavillon genutzt und über zwei Jahrhunderte zum Landschloss ausgebaut. „Das Haus ist geprägt von seiner Geschichte. Bei uns trafen sich die Brentanos mit dem Ururgroßvater meines Mannes." Umgeben von einem Park mit teils 250 Jahre alten Bäumen, Wildtieren und Vogelgezwitscher lebt die Innenarchitektin hier mit ihrer Familie.

Das Schloss-Apartment mit zweieinhalb Zimmern wird vor allem als Showroom, Besprechungsraum und Gästebereich genutzt, die Familie logiert in den Räumen darüber. Die Wohnung grenzt an Sabine von Savignys Büro, in dem sie an einem Konferenztisch aus den siebziger Jahren und unter einem Muranoglasleuchter neue Ideen ausarbeitet, ob für Lichtspielhäuser, Kanzleien oder Privathäuser. „Bei unserem Apartment ging es mir darum, einen frischen und strahlenden Saloncharakter zu erzeugen." Die zündende Inspiration kam ihr auf dem Dachboden. Dort entdeckte sie eine große Meißner Vase mit Muster in Delfter Blau und baute darauf den Wohnraum in einer Dramatik auf, die an einen Filmset erinnert. Dennoch: „Die größte Herausforderung war, das Traditionelle neu zu interpretieren, ohne es kulissenmäßig wirken zu lassen." Die über vier Meter hohen, vertäfelten Wände des Wohnraums sind samt Sockelleisten und davorstehendem Schrank ganz in Blau getüncht. „Als dann der Teppich von Marcel Wanders lag, war ich richtig glücklich." Er imitiert mit rund drei Metern Durchmesser eine Servierplatte in Delfter Blau, mit einem ganz ähnlichen Muster wie auf der Meißner Vase, die ihren Platz neben einem Ahnenporträt auf einer antiken Konsole gefunden hat. Auf den Teppich rückte die Innenarchitektin ein blau bezogenes antikes Samtsofa und stellte einen Eames-Loungechair in Weiß »

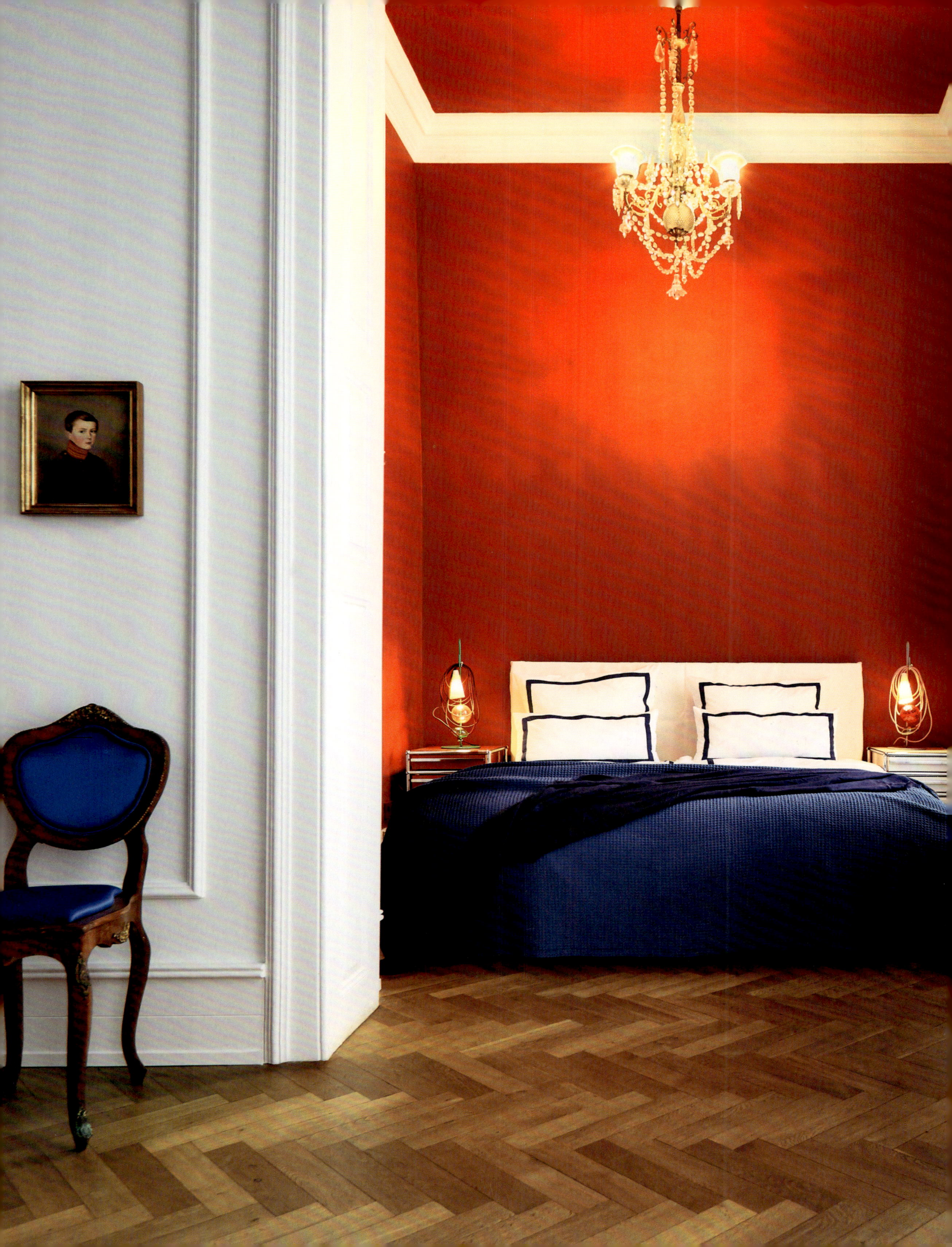

OBEN Die Wohnküche in der ersten Etage ist ein beliebter Treffpunkt für die ganze Familie: ein eleganter Werkraum mit Bruchsteinwand und offenen Regalen.
Küche Bulthaup **Esstisch** Maxalto **Sessel** Vitra **Spiegel** Gubi **Vasen** Skultuna

RECHTS OBEN Die Pantry-Küche neben dem Salon ist bewusst schlicht gehalten. Großformatige Feinsteinfliesen weiten den Raum.
Küche Ikea **Konsole** privat

RECHTS Im blauen Salon treffen sich Designdelikatessen zum standesgemäßen Tête-à-tête.
Sessel & Hocker Vitra **Teppich** Moooi **Stehleuchte** Flos **Tischleuchte** Menu **Sofa & Konsole** privat

Von Savigny

"Das Wichtigste in meinem Beruf ist Einfühlungsvermögen. Für den Ort und die Menschen, die dort leben und arbeiten."

SABINE VON SAVIGNY
VON SAVIGNY INTERIOR

Details
BLAUER SALON IM HOFGUT

Anzahl der Bewohner:
2 Personen

Wohnfläche:
115 qm

Fertigstellung:
09/2017

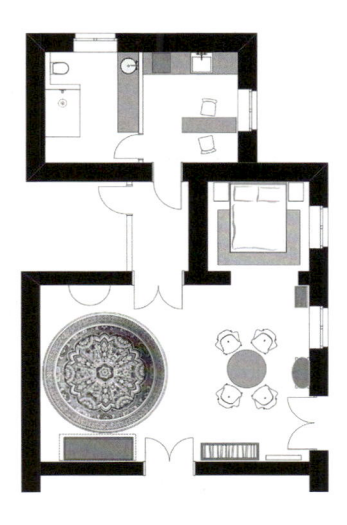

dazu. Sie lässt auf den rund 80 Quadratmetern Farbe und Form die Hauptrollen übernehmen und vertraut deren Wirkung. Dazu verzichtet sie bewusst auf viele Accessoires: „Ich finde, ‚Stehrümchen' werden überschätzt."

Auch nebenan spielt Farbe die Schlüsselrolle: Wände und Decke sind in opulentem Rot gehalten, denn in diesem Salon wurden früher Verlobungen gefeiert. Sabine von Savigny übernahm die Farbe der Tapeten, ließ die Wände rot streichen und nutzt die Nische nun als Schlafzimmer für Gäste. Viel minimalistischer geht es in der fast 40 Quadratmeter großen Küche eine Etage über dem Apartment zu. „Unsere Wohnküche sollte ebenfalls alte Traditionen in die heutige Zeit transferieren", beschreibt sie das Konzept. Ein Küchenblock mit Platte aus Carrara-Marmor bildet das Zentrum, um das sich die ganze Familie zum Vorbereiten und Plaudern versammelt. Statt Einbauten stellt ein offener Werkschrank Geschirr und Utensilien aus. „Die Optik hat mich sofort in den Bann gezogen. Es ist für mich wie ein großes Schmuckkästchen."

Ob Familienküche oder Apartment – Sabine von Savigny hält die Vergangenheit lebendig. Porträts der einstigen Besucher und Bewohner, der Vorfahren ihres Mannes also, fotografierte sie ab und ließ sie auf Leinwand ziehen. So wachen sie weiterhin über die Geschicke dieses geschichtsträchtigen Gebäudes – überlebensgroß, würdevoll und absolut zeitgemäß.

• ANERKENNUNG •

PurPur

EINE LAUDATIO VON
Robert Stephan

Unser aller Anerkennung geht an die Sanierung einer denkmalgeschützten Altbauvilla im Rhein-Main-Gebiet, deren neu entstandenes, kosmopolitisches Interieur man eher an der Themse vermuten würde. Es fällt sofort auf, dass jedem Raum, bis hin zum Treppenhaus im Mittelkern, besondere Beachtung geschenkt wurde. Farb- und Materialwelten wechseln sich in der Raumabfolge ab, jedoch gut abgestimmt und fließend wie auf einem Laufsteg der Sinne. Besonderer Wert wurde offensichtlich auf die Atmosphäre je nach unterschiedlicher Nutzung gelegt: So öffnet sich der taghelle Salon mit einer Wandabwicklung, die einen zwangsläufig an Gio Ponti denken lässt, zu einem komplett nachtblauen Dining Room mit ockerfarbenen Stühlen, in welchem Einladungen mit Sicherheit zu unvergesslichen Abenden werden. Großes Kompliment für das David-Hicks-Hexagon-Decken-Motiv im Herrenzimmer – ein Kunstgriff, der das Vertrauen des mutigen Bauherrn nachhaltig belohnen wird! Summa summarum: eine sehr gelungene Komplettsanierung – oder besser – Komposition, ohne den Altbaucharakter zu verlieren. Vielmehr überkommt den Betrachter das Gefühl, die Grandezza vergangener Tage, zeitlos modern interpretiert, wiedererleben zu dürfen.
Chapeau PurPur aus Frankfurt!

Kraftvolle Eleganz regiert im Esszimmer. Möbel und Wände in dunklen Tönen lassen die gelben Sessel intensiv strahlen.
Esstisch Emmemobili **Sessel** Minotti **Sideboard** Rimadesio **Wandfarbe** Caparol **Tapete** Cole & Son **Spiegel** privat

ANERKENNUNG

Ein Catwalk für die Sinne

PURPUR
// FRANKFURT

Der Küchenblock, eine Schreinerarbeit, macht an einem Ende Platz für einen stilvollen Essbereich. Die Vitrine dahinter bleibt der klaren Linie treu.

Barhocker Gubi **Pendelleuchte** Bocci **Vitrine** Rimadesio **Tapete** Cole & Son **Glasgefäße** Tom Dixon

RECHTS Das raffinierte Küchenkonzept bringt vom Weinkühlschrank bis zum Herd alles in einer Einbauwand unter. Die Geräte liegen dabei auf Augenhöhe, das schont den Rücken.
Küche Schreinerarbeit
Glasgefäße AYTM

UNTEN Die Tapete im nachtschwarzen Herrenzimmer lenkt den Blick sofort zur Decke. In den Ledercouches lässt es sich entspannt zurücklehnen.
Sofas Promemoria
Tapete Cole & Son
Wandfarbe Caparol

W

Wann genau sie mit einem Projekt fertig ist, merkt Katrin von Mallinckrodt immer nachts: „Wenn ich nicht mehr davon träume, was ich noch alles verbessern könnte." Die Diplomdesignerin ist Perfektionistin. Mit dem Umbau einer Altbauvilla im Rhein-Main-Gebiet ist ihrem Büro PurPur das gelungen, was sich wohl jeder Interior Designer wünscht: ein Gebäude wie eine Skulptur zu entwerfen. Die Villa von 1912, elterliches Wohnhaus der Eigentümer, sollte in neuem Glanz erstrahlen und dabei nichts von ihrer Noblesse verlieren. Katrin von Mallinckrodt sah sich um und ging Schritt für Schritt durchs Haus: „Ich erlebe Räume immer zuerst intuitiv und versuche, ihre Sprache zu verstehen." Die rohen Fakten: viele zu kleine Zimmer, ein Anbau aus den sechziger Jahren, die Fassade denkmalgeschützt.

„Der Anspruch der Bauherren war, ein modernes Interior Design zu gestalten und gleichzeitig den Altbaucharakter zu erhalten." Im Sinne der Bewohner musste sich das Haus daher Neuem gegenüber öffnen. „Die Herausforderung war, alle Bereiche harmonisch ineinander überzuleiten." Also ließ die Designerin Wände einreißen und erweiterte so einige Räume. Die Zimmertüren wurden vergrößert und in Abstimmung mit dem Denkmalamt neue Fenster in die alte Fassade eingebaut. Der Anbau wurde abgerissen und die Terrasse überdacht. »

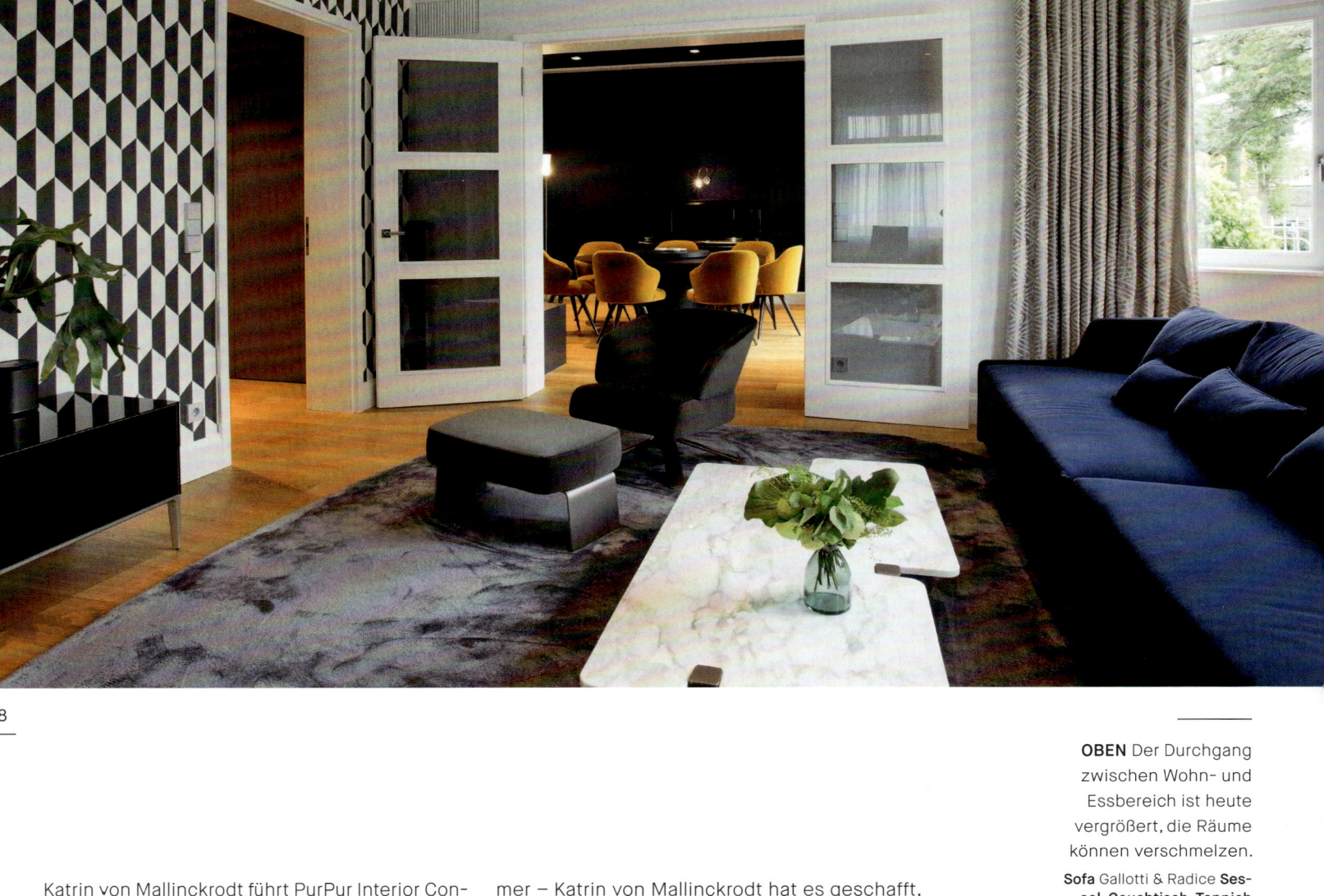

Katrin von Mallinckrodt führt PurPur Interior Concepts zusammen mit ihrer Geschäftspartnerin Maud Bromberger seit nun 25 Jahren. „Dass wir in so langer Zeit immer wieder neue und aufregende Interieurs gestaltet und realisiert haben, ist unser größter Erfolg." Mit einem doppelten schwarzen Espresso sitzt sie im Büro in der Frankfurter Innenstadt, vor sich Ideenskizzen und Moodboards, und erzählt, wie sie sich ihren Auftraggebern und deren Welt annähert: „Es geht immer darum, Lebensgefühle in Gestaltung umzusetzen. Ich provoziere die Kunden mit meinen Entwürfen, um anhand der Reaktion den richtigen planerischen Weg zu gehen." Dazu holt sie ihre Klientel ins Boot und lässt sie mitarbeiten: „Sie bekommen Hausaufgaben und müssen ihre Wünsche mit Adjektiven beschreiben. So habe ich schnell ein planerisches Bild vor Augen."

In der umgebauten Altbauvilla zeigt nun jeder Raum ein ausgearbeitetes Material- und Farbenspiel und beinahe alles ist miteinander verbunden. Mutige Nuancen wie das tiefe Nachtblau im Wohnsalon, Grafiktapeten an Wänden und an der Decke des Herrenzimmers sowie strahlende Highlights wie die senfgelben Sessel im Esszimmer – Katrin von Mallinckrodt hat es geschafft, das große Haus mit Leben zu füllen. Besonders stolz ist sie auf die Küche und auf die verspiegelten Durchgänge, die dorthin führen. Bei der Gestaltung hielt sie sich an das Credo des Industriedesigners Dieter Rams, das sie auch zu ihrem Leitspruch gemacht hat: weniger, aber besser. Die große Mittelinsel ist eine Schreinerarbeit, die extra für diesen Raum angefertigt wurde. „Ich liebe die Langlebigkeit, nicht die Veränderung", sagt die Diplomdesignerin. Für das hypermoderne Treppenhaus im Kern des Gebäudes entwickelte ihr Büro eine ausgeklügelte Liftkonstruktion für den avantgardistischen Kronleuchter. Zum Licht und seinen Facetten hat Katrin von Mallinckrodt ohnehin eine besondere Beziehung: Der beste Moment während eines Projektes ist für sie, wenn das Licht angeht und der Raum strahlt. Das gilt auch privat: „Wenn ich abends auf dem Sofa im Wohnzimmer sitze und die Beleuchtung im Haus angeht, bin ich ganz ich selbst." Sie sammelt schimmernde alte Silberstücke vom Flohmarkt und Gelb ist ihre erklärte Lieblingsfarbe. Vielleicht hat sie ja deshalb ein ganz besonderes Gespür für glanzvolle Interieurs in jeder Hinsicht.

OBEN Der Durchgang zwischen Wohn- und Essbereich ist heute vergrößert, die Räume können verschmelzen.
Sofa Gallotti & Radice **Sessel, Couchtisch, Teppich** Minotti **Sideboard** Rimadesio **Tapete** Cole & Son

RECHTS OBEN Für die Lichtinstallation im Treppenhaus entwarf das Studio eine eigene Liftkonstruktion, die den Lüster hebt und senkt.
Pendelleuchten Lasvit

RECHTS Die Rauchglaswand im Masterbad schenkt Intimität beim Duschen, lässt aber dennoch genug Licht hinein, das durch die großen Fenster dringt.
Waschbecken Kreoo

"Mein Lieblingsmoment:
die absolute Gewissheit,
die richtige Lösung
gefunden zu haben."

KATRIN VON MALLINCKRODT
PURPUR

Details
ALTBAUVILLA

Anzahl der Bewohner:
2 Personen

Wohnfläche:
350 qm

Gesamtwohnfläche:
500 qm

Fertigstellung:
09/2017

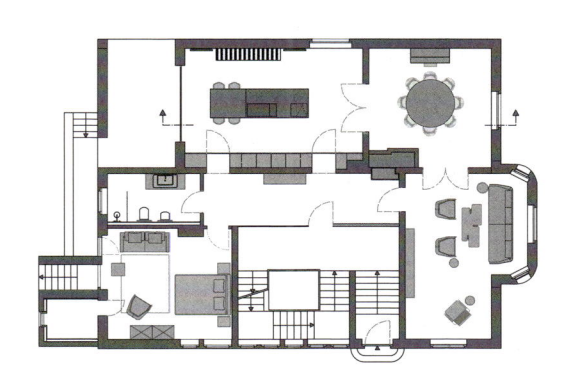

· ANERKENNUNG ·

Design in Architektur

EINE LAUDATIO VON
Gudy Herder

Ein altes Gebäude der Deutschen Bahn. Spartanisch anmutendes Interieur. Was macht diesen Ort zu einer 2018-Anerkennung für „Best Interior Design"? Einen Seminarraum, eine Kantine, Kunstgalerie oder Großraumbüro – was sehen wir hier eigentlich? All das und noch mehr. Denn es ist ein Co-Space, also das, was wir in ihm sehen möchten. Das „Co" in Co-Space steht für komplementär und zusammen – und ist Ausdruck aktuellen Zeitgeistes. Apropos „Co": Co-Working, Co-Living oder Co-Founder sind weitere Schlüsselwörter von heute. So wie auch Consulting, Cooperation, Coaching, Combination... Die Liste im Trend liegender „Co-Substantive" führt uns zu den Menschen, die Co-Spaces mit Leben füllen: „Knowmaden" des digitalen Zeitalters, Protagonisten eines Makro-Trends, der weiter an Bedeutung gewinnen wird. Örtlich und beruflich flexibel, arbeiten und kommunizieren Knowmaden digital von überall. An einem Ort angekommen, vernetzen sie sich mühelos mit der Community, um Wissen aufzusaugen und weiterzugeben. Dafür braucht es Anlaufpunkte wie den von Design in Architektur geschaffenen. Einen Raum, der sowohl das Ambiente von Fokus und Teamwork als auch von Geselligkeit und Genuss verströmen kann. Die offene Küche folgt einem der gefragtesten Wohntrends. Ein Küchenmonolith lädt dazu ein, sich um ihn zu versammeln. Als Statement Piece wurde ein kubisches Messingbecken im minimalen Stil angefertigt und mit industriell anmutenden Armaturen kombiniert. Mithilfe eines Raumtrennungssystems kann der Raum flexibel dimensioniert werden. Der Rest besticht durch intelligente, weil zielführende Zurückhaltung. Der dunkle und kreidige Schwarzton auf Wänden und Intarsien strahlt Ruhe und Neutralität aus und stiehlt dem Design des jeweiligen Events nicht die Show. Die Arbeit des Preisträgers Ingo Haerlin entspricht den heutigen Ansprüchen an das Zusammenleben, -arbeiten und -sein in überdurchschnittlicher Qualität und ist beispielgebend.

ANERKENNUNG

Treffpunkt für Ästheten

DESIGN IN ARCHITEKTUR
// DARMSTADT

Coole Kochkulisse: Der industrielle Werkraum mit schwarz gestrichener Backsteinwand kurbelt in seiner Schlichtheit die Kreativität der Gäste an.

Küchenfronten & Arbeitsplatte Eternit **Waschbecken** Blanco **Armatur** Franke **Wandfarbe** Farrow & Ball

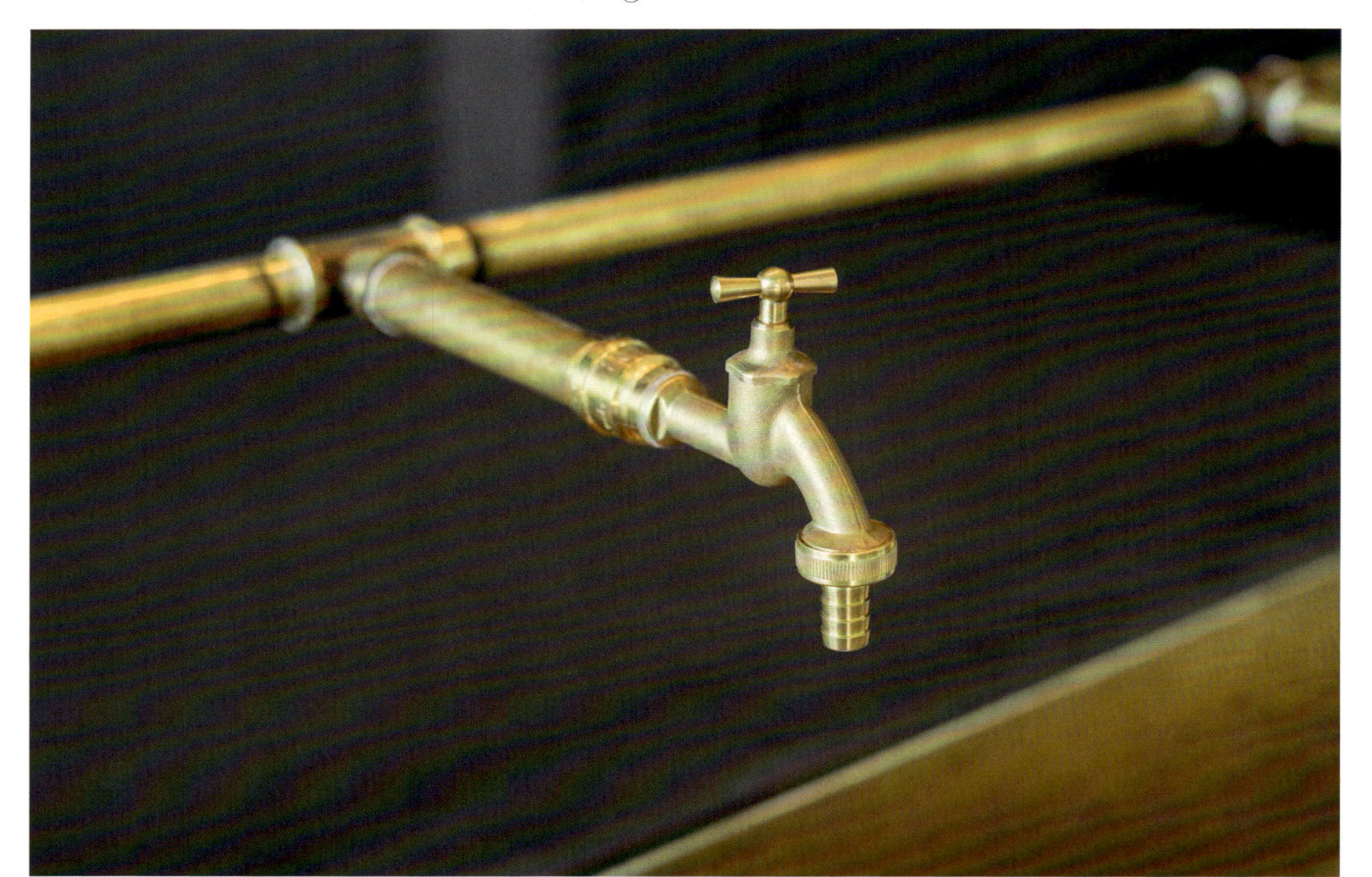

OBEN Die Kunst der meisterhaften Reduktion zeigt sich auch im Detail: Die Armaturen aus Messing sind Sonderanfertigungen vom Schlosser.
Arbeitsplatte Eternit

RECHTS In den Einbauschränken im Entree ist genug Platz für Gästegarderobe und Kochutensilien. Wie nebenbei entstand mittig eine beleuchtete Nische, zum Beispiel für temporäre Stilleben.
Fronten Eternit
Stuhl Tolix (antik)

M

Manchmal sollte man besser nicht auf den guten Rat von vermeintlichen Freunden hören. Vor und während des Studiums wurde Ingo Haerlin nämlich immer wieder davon abgeraten, Innenarchitektur zu studieren – seit 2016 lehrt er nun selbst an der Hochschule in Darmstadt. Im Moment sitzt er zufrieden an seinem Schreibtisch im Studio, auf der Tischplatte treffen Materialmuster und ausgedruckte Zeichnungen auf das Spielzeug seiner Kinder, die am Vortag zu Besuch waren: „Es macht mir Freude, Dinge zu entwerfen und zu planen, die funktionieren", sagt der gelernte Möbelschreiner. Er ist sich seines Glückes sehr bewusst. „Es ist ein großes Privileg, wenn einem der Beruf so viel Spaß macht." Ob er eine Dachterrasse mit quietschgelber Containerbar in Frankfurt gestaltet, ein Weingut saniert oder das Innenleben einer Kindertagesstätte entwirft – Ingo Haerlin und die mittlerweile elf Mitarbeiter in seinem Team gehen jeden Auftrag mit derselben Begeisterung an. Was muss passieren, damit er ein Projekt ablehnt? Ganz einfach: „Wenn mir das Thema nicht gefällt."

Ingo Haerlin ist in vielerlei Hinsicht erfrischend kompromisslos. Und genau so ist auch das Design des privaten Veranstaltungsraumes in der Darmstädter Weststadt: kein Zugeständnis an Sehgewohnheiten, kein Mittelweg, keine Abstriche ans Budget. Sondern hervorragender Innenausbau, der das Zusammenspiel von Farbe, Material und Form auf die Spitze treibt. Das Gebäude gehörte einst der Bahn und liegt direkt an den Gleisen. „Ein schönes Thema in urbaner Umgebung", sagt der Innenarchitekt. Freunde beauftragten ihn damit, aus dem schmucklosen, 180 Quadratmeter großen Raum einen Ort zu machen, an dem gemeinsam gekocht und gefeiert wird. Er entwarf eine Black Box mit eingebauter Garderobenwand, einem großen Küchenmonolithen, langen Tafeln und speziell angefertigten Metallleuchten. Hier kann man, umgeben von schwarz gestrichenen Back- »

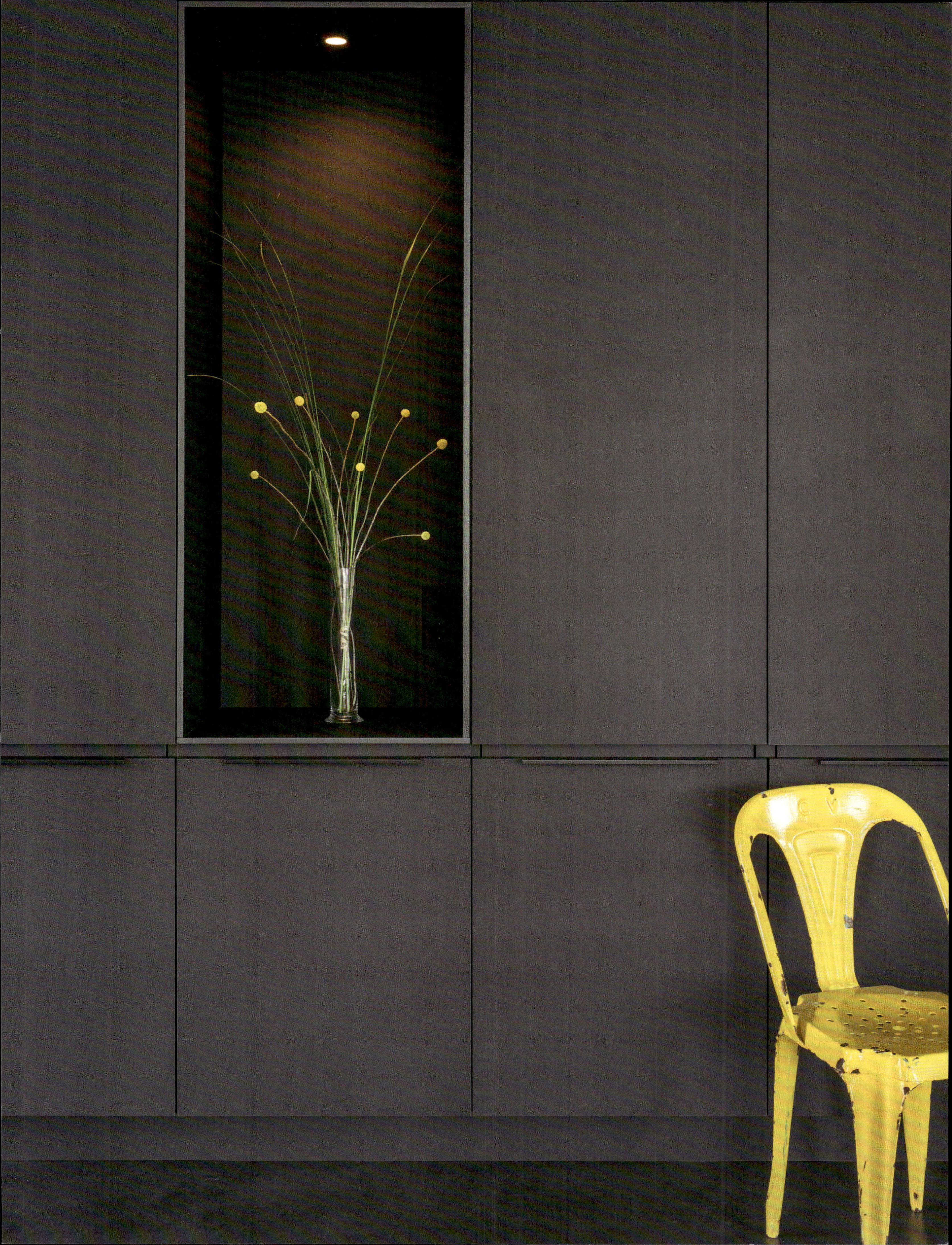

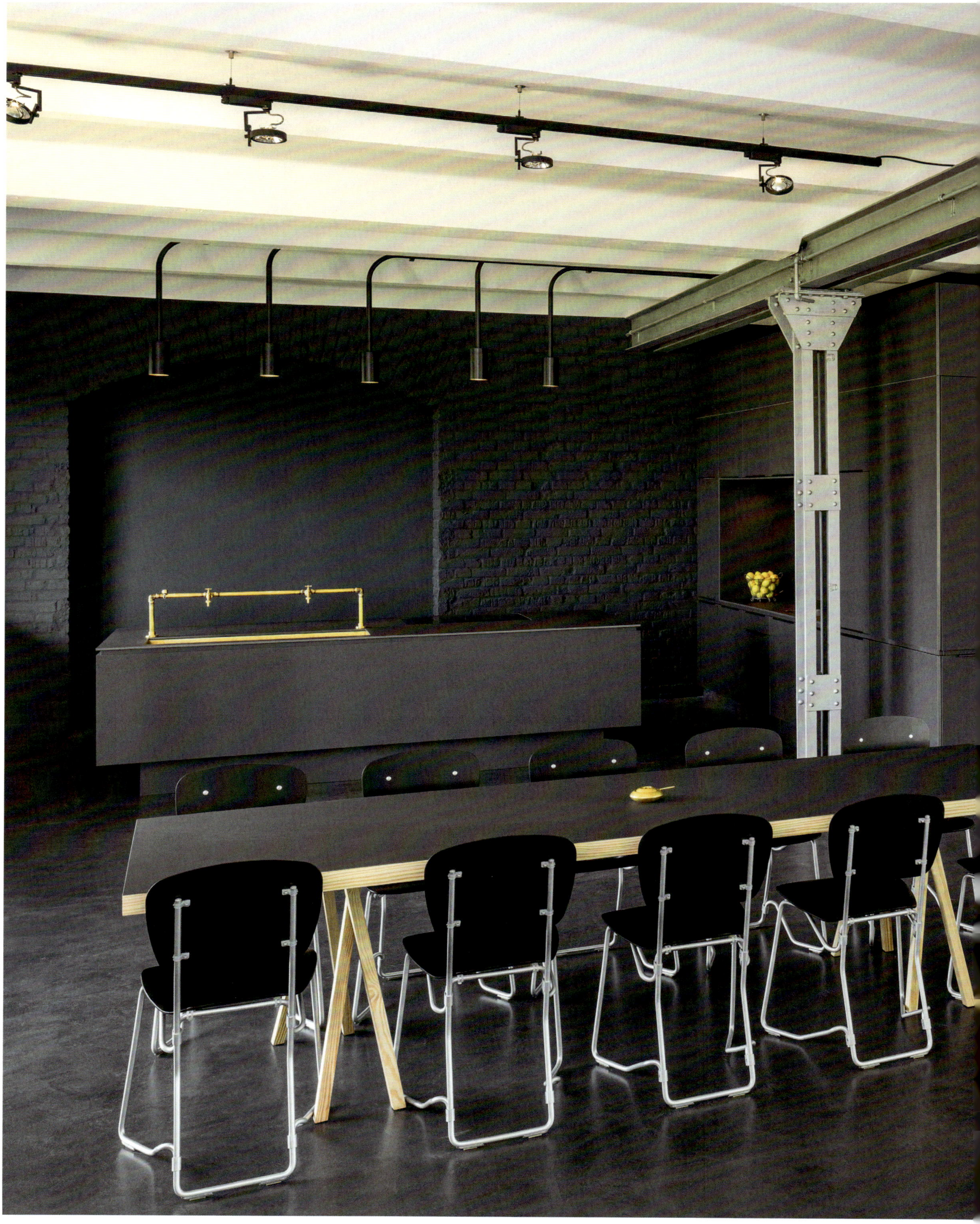

Eine Raumgestaltung wie ein Maßanzug: Das Schienensystem für die textilen Raumteiler (nicht im Bild) ist ebenso eine Sonderanfertigung wie die Deckenleuchter über dem Küchenblock.

Deckenstrahler Occhio
Stühle Aluflex

"Reduktion schult meiner Meinung nach am besten den Blick für das Schöne."

INGO HAERLIN
DESIGN IN ARCHITEKTUR

Details
KÜCHENMONOLITH

Anzahl der Bewohner:
private Veranstaltungsfläche

Wohnfläche:
180 qm

Gesamtwohnfläche:
180 qm

Fertigstellung:
11/2017

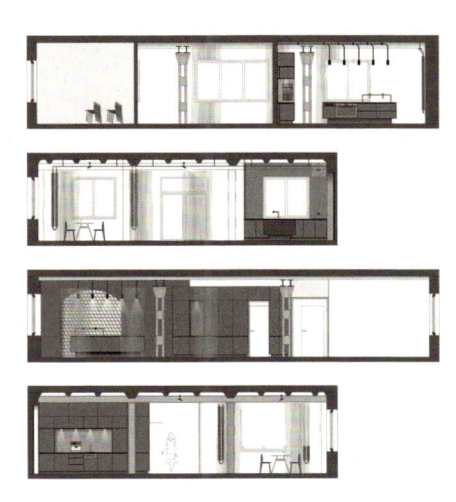

steinwänden und gespachteltem Designerboden, tief eintauchen in die Kulinarik. Die dunkle Kulisse rückt ganz selbstverständlich die Menschen in den Mittelpunkt.

Im speziell angefertigten Küchenblock versinkt ein großes, kubusförmiges Spülbecken aus Messing, auch die Zuleitungen und die Armaturen im rauen Industriestil bestehen aus der Kupferlegierung – und sind ebenfalls Sonderanfertigungen. Worin lag die größte Herausforderung? „Das Material der Küchenfronten und Arbeitsplatten ist Eternit", sagt Ingo Haerlin. Der schlichte Baustoff aus Faserzement ist zwar langlebig und leicht zu verarbeiten, die Elemente wiegen aber besonders schwer, was bei der Menge an Quadratmetern stark ins Gewicht fällt. Als Raumtrenner setzte der Innenarchitekt Vorhänge ein, die über ein Schienensystem laufen. So kann der Kochbereich elegant und schnell von der Garderobe abgeschirmt werden.

Um den Geschmack seiner Kunden möglichst genau zu treffen, lässt Ingo Haerlin sie Bilder und Moods sammeln, die sie besonders ansprechen – und hört natürlich genau zu. In der Umsetzung legt er dagegen Wert auf möglichst viel Freiraum: „Wenn Dinge anders ausgeführt oder aus Kostengründen nur teilweise umgesetzt werden, kann das für den Planer zum Horror werden." Im Veranstaltungsraum hat er nicht nur den Ansprüchen seiner Kunden genügt, sondern auch seinen eigenen. Und jetzt greift er nach den Sternen: „Mein Traumprojekt? Ein Hotel auf dem Mars!", schmunzelt er. Und setzt schnell hinzu, dass es eigentlich nur so weitergehen müsse wie bisher: „Es gibt noch viele spannende Aufgaben. Und man kann sich immer verbessern." Da ist sie wieder, die Haerlin'sche Perfektion.

Lesebuch des Lebens

IPPOLITO FLEITZ GROUP
// STUTTGART

Wunderkammer im Stil-Dschungel: Vor der handbedruckten Exotiktapete wartet ein antikes Holzpferd auf Bewunderer. Violette Stufen führen ins Arbeitszimmer.
Bank Ercol **Teppich** Monka **Tapete** Timorous Beasties

Opus für die Augen: Eine Malerei von Alix Waline wabert über die Decke, der schwarz lackierte Rand des Palisandertisches verbrüdert sich mit dem Klavier.
Hängeleuchten Kartell, Troll
Tapete Vescom

RECHTS Im hellblauen Wohnraum versammeln sich einige der größten Designklassiker der letzten Dekaden um die hängende Feuerstelle.
Kamin Focus **Sessel** Knoll International **Sofa** De Sede **Beistelltische** E15, Moroso **Stuhl** Moustache

UNTEN Das Muster der psychedelischen Tapete tanzt im Erkerzimmer vor den Augen. Die goldfarbene Jalousie sorgt mit der Sonne für Lichtreflexe.
Sessel B&B Italia **Tapete** Stefan Gabel **Skulptur** Hans Kuppelwieser

E

Ein zwölf Meter hohes Salzwasser-Aquarium. Eine Badewanne in Form eines Stilettos. Und der Regierungspalast in Taschkent mit 40.000 Quadratmetern Interieur als Repräsentationsfläche. Peter Ippolito ist spezialisiert auf exzentrische Aufträge. „Es geht immer darum, alle vorgefertigten Bilder zu vergessen, sonst baut man ja etwas, was der Kunde bereits kennt", sagt der Architekt. Das Büro Ippolito Fleitz mit einem Team von 75 Mitarbeitern hat Niederlassungen in Stuttgart, Berlin und Shanghai. Wenn der Chef 'mal zu Hause ist, wohnt er in einem Tortenstück. Der Grundriss des Gründerzeit-Eckhauses in Stuttgart hatte es ihm und seinem Mann sofort angetan: „Unser erster Gedanke war: Das wollen wir haben!" Der zweite Gedanke nach der Besichtigung: ganz schön groß!

Auf 290 Quadratmetern, verteilt über neun Zimmer und zwei Etagen, lässt das Paar nun Kunstsinn mit Stilgefühl tanzen. Der Altbau steht unter Denkmalschutz, Peter Ippolito ließ nur eine nicht historische Wand im Schlafzimmer einreißen und setzte einen markanten Bogen, um eine weitere Sichtachse zu gewinnen. Dann füllte er die »

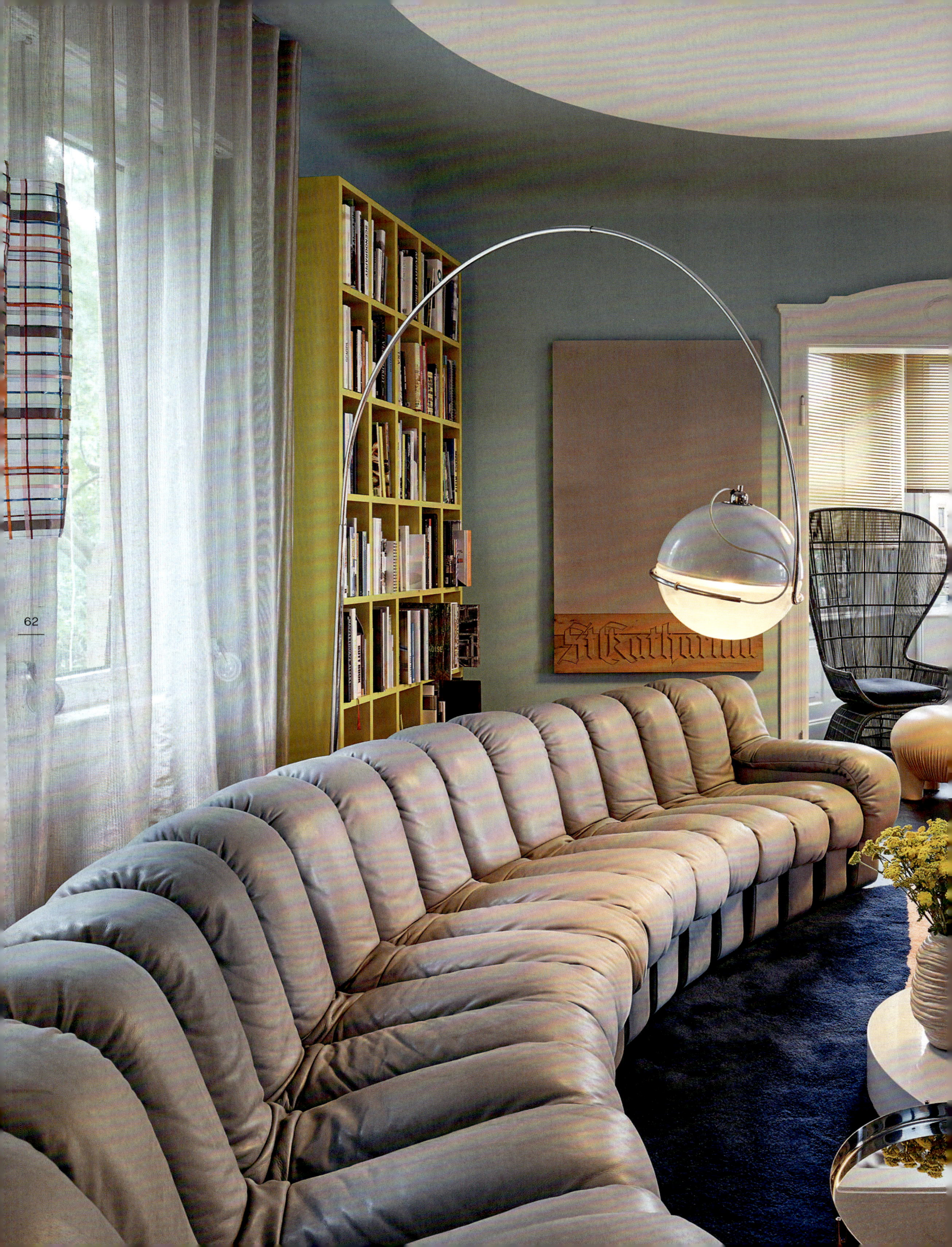

OBEN Ein großformatiges Wandobjekt schiebt sich mit aller Wucht ins Wohnzimmer – da nimmt sich sogar das zitronengelbe Bücherregal dezent zurück.
Sofa De Sede **Sessel** Knoll Int. **Teppich** Oliver Treutlein

OBEN Hier bleibt der Blick an Details hängen: Der Durchgang zwischen Treppen- und Wohnzimmer ist asymmetrisch geschwungen, von der Decke seilt sich eine Design-Leuchte ab.
Tapete Timorous Beasties **Sessel** Hay **Teppich** Monka **Hängeleuchte** Thomas Eyck

OBEN RECHTS Das schmale Gäste-WC wird durch geometrische Muster und einen organisch geformten Spiegel optisch geweitet.

RECHTS Die Bank lenkt den Blick ans Ende des Flurs. Unterwegs pflückt das Auge Kunst.
Hängeleuchte Sarah Illenberger **Deckenleuchte** Atelier Areti

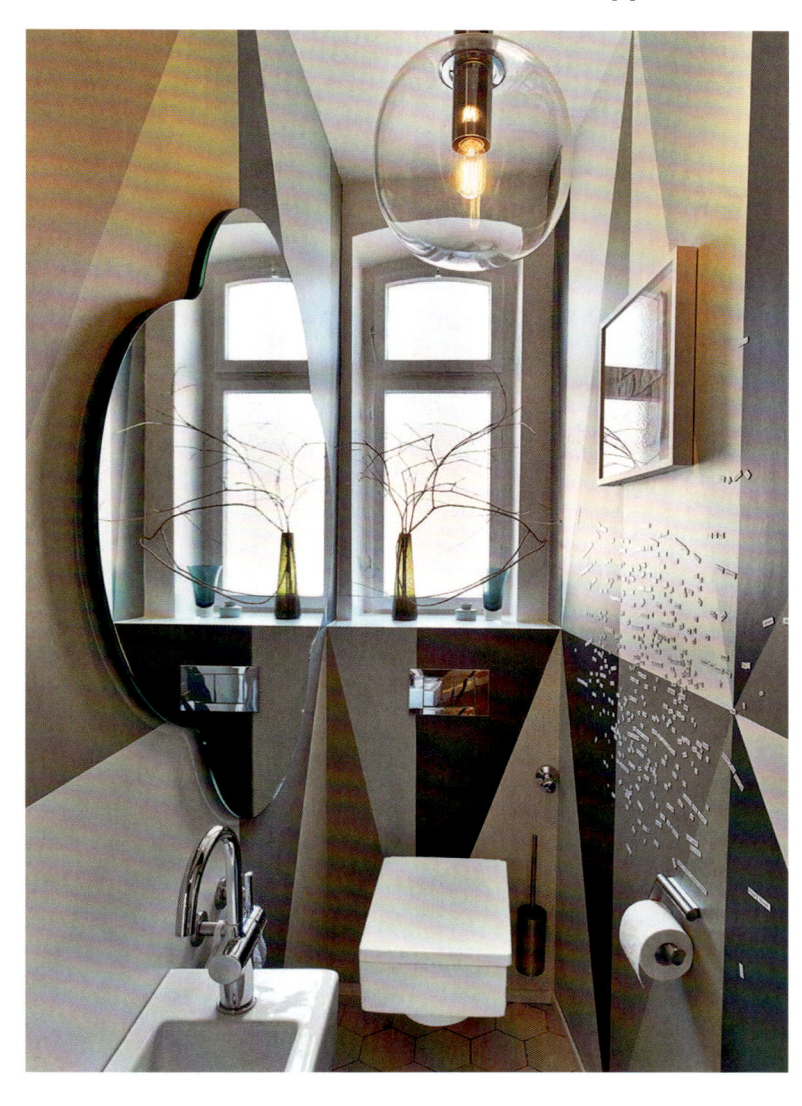

BEST OF INTERIOR 2018 — Ippolito Fleitz Group — PROJEKTE

"Drei Interior-Keypieces, mit denen man immer gut fährt? Haltung, Humor, Mut!"

PETER IPPOLITO
IPPOLITO FLEITZ GROUP

Details
MAISONETTE

Anzahl der Bewohner:
2 Personen

Wohnfläche:
290 qm

Gesamtwohnfläche:
290 qm

Fertigstellung:
07/2015

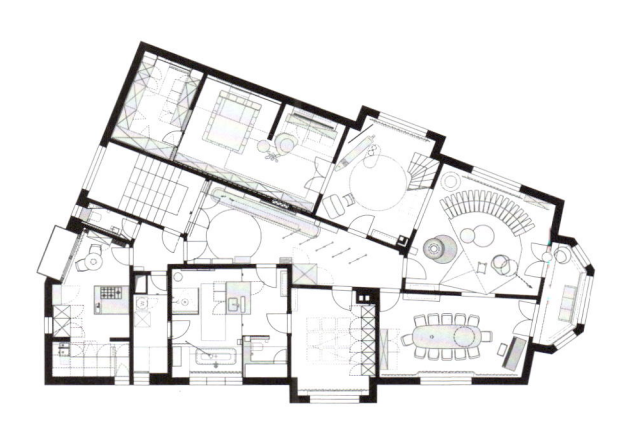

65

Räume mit einer kosmopolitischen Bilderflut, die sich durch alle Zimmer ergießt: usbekische Ikatgewebe, indische Seidenstickereien, laotische Textilapplikationen. Das schwarze Fischgrätparkett verbindet alle Bereiche sanft miteinander. „Obwohl die Wohnung viel ausstellt, vermittelt sie große Nähe und Wärme", sagt der Architekt. Das mag auch an den Materialien und am Lichtkonzept liegen: Weiche, sinnliche Teppiche fangen die Designklassiker und skulpturalen Kunstwerke auf und bilden ein kluges Gegengewicht, etwa zu den goldenen Jalousien und den psychedelischen Mustern im Erkerzimmer oder der wilden Dschungeltapete im Treppenzimmer.

„Man muss auch abwegige Dinge zulassen", findet Peter Ippolito, ließ die Decke im Treppenzimmer durchbrechen, um durch die Öffnung Hängelampen abzuseilen. Einige Zimmerdecken sind bemalt, so entsteht der Eindruck, sich durch ein ständiges Abenteuer für die Augen von einer Wunderkammer in die nächste zu bewegen. „Es ist immer schwirig, für sich selbst zu gestalten. Man tendiert dazu, kein Ende zu finden." Deshalb gleicht Peter Ippolitos Apartment auch einem sich wandelnden Organismus. Und er spiegelt jederzeit die Gemütsverfassung seiner Bewohner wider.

Basisarbeit: Der ursprüngliche Boden blieb erhalten. Dem Glimmerschiefer stehen jetzt mit Holz und sinnlichem Leder wohnliche Partner zur Seite.

Esstisch Janua Clamp **Ledersessel** KFF **Hängeleuchten** Classicon

Gesunde Beziehungsarbeit

HENRIKE BECKER
// LÜBECK

In den siebziger Jahren waren der Gründerzeitvilla einige heterogene Anbauten verpasst worden. Henrike Becker veränderte die Dachform und fügte die Elemente mit einer schlichten Holzfassade zur Einheit zusammen.

Wenn man Henrike Becker nach dem verrücktesten Wunsch fragt, den sie einem Kunden je erfüllen konnte, lächelt sie und sagt dann: „Das ist geheim." Die Innenarchitektin mit Büros in Lübeck und Hamburg strahlt Diskretion und Respekt aus, als Mensch und in ihren Interieurs. Wenn sie nicht Innenarchitektur studiert hätte, dann vielleicht Psychologie. Entsprechend sensibel arbeitet sie auch mit ihren Kunden: „Wenn ich eine Wohnung betrete, geht es mir darum, in Ruhe und intuitiv Stimmungen, Lebensgefühl und Ausdruck zu erfassen."

In diesem Fall sollte ein Stadthaus in Nordrhein-Westfalen für eine junge Familie mit Hund behutsam modernisiert werden. Die Gründerzeitvilla aus dem Familienbesitz hatte schon mehrere Um- und Anbauten hinter sich: „Die niedrigen und teilweise abgehängten Decken ergaben eine unharmonische Raumstruktur." Henrike Becker gab dem Grundriss die ursprüngliche Geräumigkeit zurück und stellte auch die alte Deckenhöhe wieder her. Den Anbau aus den siebziger Jahren vergrößerte sie um ein Badezimmer mit Ausblick auf die Baumkronen und verkleidete die gesamte Fassade mit Holzlamellen. Effekt: ein stimmiges Zusammenspiel von Villa und Anbau, von Alt und Neu.

Viele Materialien im Haus nehmen Bezug auf diese Fassade: Der kräftige Mittelblock der Küche etwa ist eine Tischlerarbeit aus alter Eiche, die Platte aus gestocktem Naturstein lehnt sich an den Schieferboden im Erdgeschoss an. Im neuen Badezimmer besteht die freitragende Bank in der Dusche aus einem alten Lindenblock, einem Fundstück des Bauherrn. Den „besten Moment" während eines Projektes gibt es für die Innenarchitektin nicht: „Es sind ganz viele kleine auf dem Weg zur Umsetzung. Und sie haben oft mit denen zu tun, die für das Gelingen existenziell sind: den Handwerkern und der Perfektion ihrer Leistung."

Spannend wird es für Henrike Becker beim Abschlussbesuch: „Das wahre Leben ist eingezogen. Oft haben die Räume noch mehr Tiefe bekommen." Sie schätzt diesen Moment. Die Menschen fühlen sich dank ihrer Arbeit wohler in ihrer Haut. Und es wird sichtbar, dass sie gut gearbeitet hat. Wie eine sensible Psychologin eben.

OBEN LINKS In der Ruhe baden: Das Podest für die Wanne ist mit der gleichen Fliesen wie der Boden belegt, das große Fenster gibt den Blick frei auf die jahrhundertealten Bäume.
Badewanne Kaldewei

OBEN Bestens ausgestattet: Zwei Waschbecken im großzügigen Bad beugen dem morgendlichen Engpass vor, die teils verspiegelten Einbauschränke schlucken Kosmetik und Handtücher.
Waschbecken Kaldewei

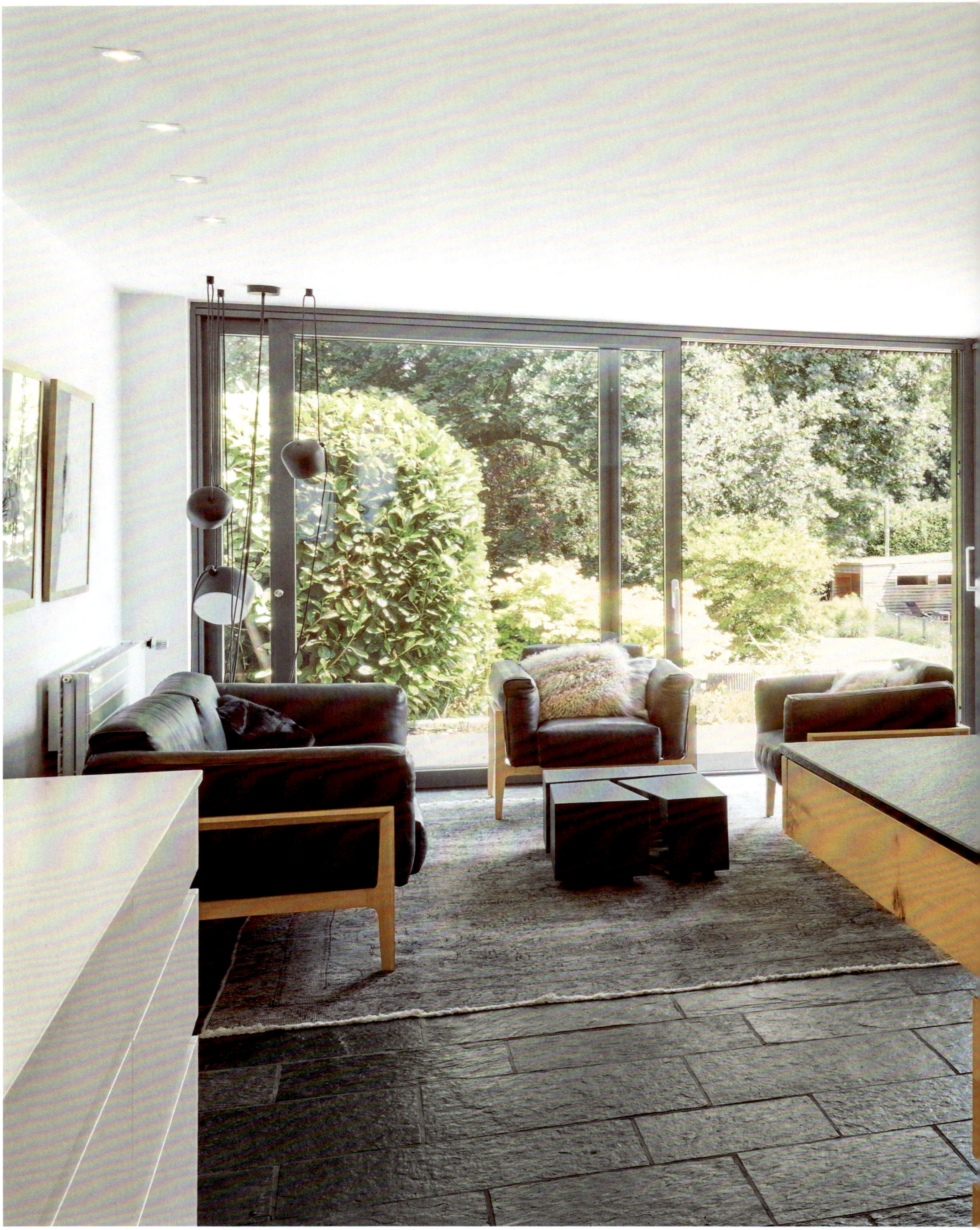

Kombinationsmeister: Der Küchenblock aus Eiche trägt eine Natursteinplatte und passt sich elegant dem Mobiliar des Wohnraums an.

Steinboden Otta Phyllit **Sofa, Hocker & Sessel** Cor **Couchtisch** Christine Kröncke **Leuchten** Flos

"In unserem Job braucht man Haltung, Kontinuität und Kraft, sich auf Menschen einzulassen. Und Fleiß!"

HENRIKE BECKER

Details
UMBAU STADTVILLA

Anzahl der Bewohner:
3 Personen

Wohnfläche:
307 qm

Gesamtwohnfläche:
550 qm

Fertigstellung:
07/2016

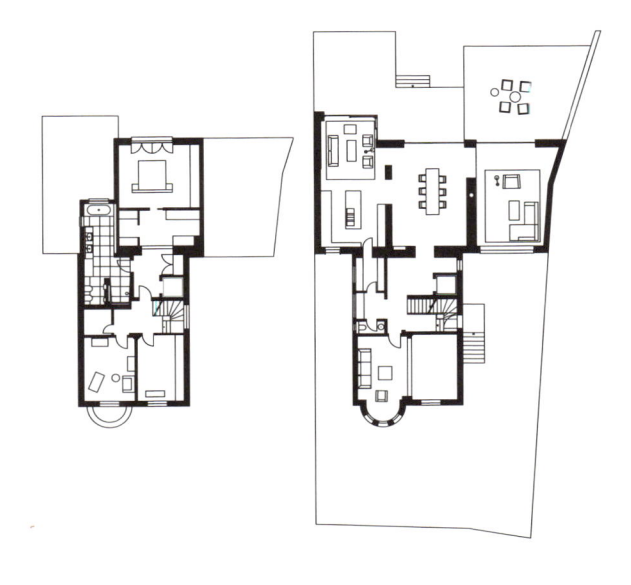

Landhaus in stiller Perfektion

**HMZEILBERGER
// SALZWEG/PASSAU**

Im Erdgeschoss des Neubaus regiert die klare Linie, unterstützt durch ein raffiniertes Lichtkonzept. Der Kamin in Augenhöhe schafft nicht nur optische Wärme – er ist von jedem Punkt aus sichtbar.
Hängeleuchten Moltoluce

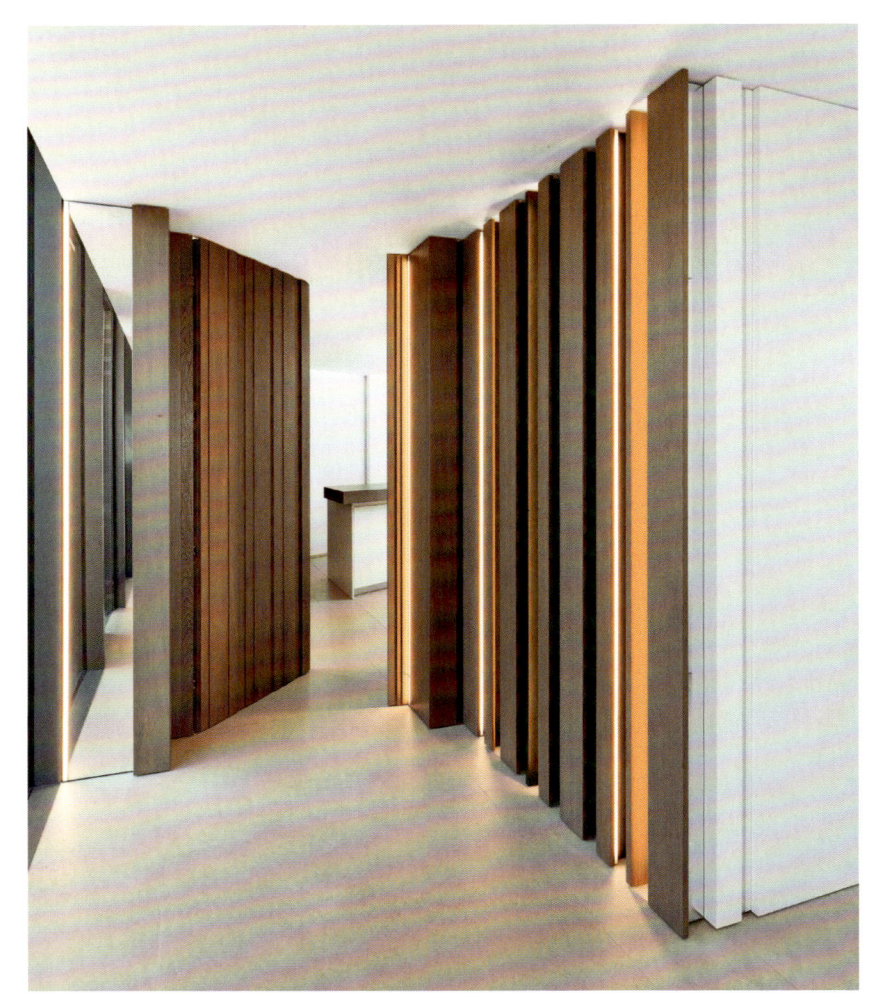

LINKS Mit der beleuchteten vertikalen Eichenverkleidung im Entree nimmt Helgamaria Zeilberger die Optik eines Bauernzaunes auf und dreht sie in die modernste Richtung.

UNTEN Die beiden Kinderzimmer unterm Dach sind schmal, verfügen aber jeweils über kluge Einbauten und einen großen Schreib- und Spieltisch am Fenster.
Wandleuchte Moltoluce

D

Drei Hektar Natur. Auf einem Wiesengrundstück mit angrenzendem Wald, Naturteich und eigener Rotwildherde erhebt sich auf leicht abschüssigem Gelände ein klares Gebäude, teils verkleidet mit bruchrauem Naturstein. „Den Eigentümern schwebte ein modernes Bauernhaus vor", sagt die Passauer Architektin Helgamaria Zeilberger. Die pure Idylle also, innen wie außen. Dach und Obergeschoss haben eine Außenhaut aus ultradünnen, ein mal drei Meter großen Keramikplatten. Dasselbe Material begegnet einem auch im Badezimmer, dort als raumgreifender Waschtisch.

Helgamaria Zeilberger und ihr Projektleiter Stefan Hartl nehmen auf den 320 Quadratmetern Wohnfläche immer wieder Bezug zum Außen, etwa im Entree. „Besonders stolz bin ich auf die Türen und Wandverkleidungen aus massiver Eiche. Ihre Lattenstruktur erinnert an einen Bauernzaun." Das Erdgeschoss entspricht den Bedürfnissen der aktiven Bewohner, einer Familie mit zwei Kindern, zwei Hunden und einer Katze. „Es gibt hier überall die Möglichkeit, ins Freie zu kommen", erklärt die Architektin. Oder großzügig auszuweichen. Denn während die Eltern noch am selbst entworfenen Esstisch speisen, vergnügen sich die Kinder auf der Sofalandschaft und bleiben dennoch in Kontakt.

»

Der Flur mit himmlischem Ausblick teilt den Kindertrakt von dem der Eltern. Die Wände sind verschalt mit Brettsperrholz, versenkte Lichtleisten unterstreichen die Architektur.

OBEN Die Sitzbank am speziell entworfenen Tisch scheint zu schweben. Selbst die Ledersofas beugen sich der geradlinigen Architektur.
Sofa HMZeilberger
Hängeleuchten Moltoluce

RECHTS OBEN Das Elternbad verschmilzt mit dem Schlafzimmer und ist lichtdurchflutet. Der Waschtisch aus Kerliteplatten ist eine Kreation der Architektin.
Mosaik Bisazza **CD-Player** B&O **Armaturen** Gessi

RECHTS Der Natursteinboden besteht aus quadratmetergroßen Platten. Die Hausbibliothek ist über einen Laufsteg erreichbar.
Naturstein Avorio

BEST OF INTERIOR 2018 — HMZeilberger — PROJEKTE

"Wann ich arbeite? Eigentlich immer. Manche Details entstehen um drei Uhr morgens im Bett."

HELGAMARIA ZEILBERGER
HMZEILBERGER

Details
PRIVATHAUS

Anzahl der Bewohner:
4 Personen

Wohnfläche:
320 qm

Gesamtwohnfläche:
650 qm

Fertigstellung:
01/2014

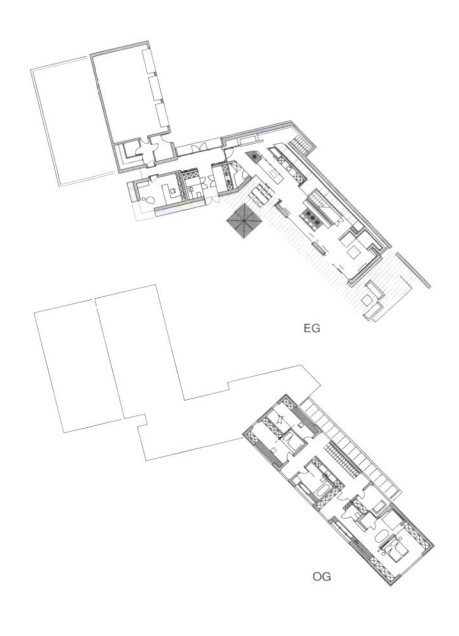

Die privaten Räume im Obergeschoss sind mit weißlich lasiertem Brettsperrholz verkleidet und strahlen trotz der wenigen Möbel viel Intimität aus. „Als Architekt braucht man Überzeugungskraft. Die besten Ideen werden nicht umgesetzt, wenn ich sie dem Bauherren nicht vermitteln kann", verrät Helgamaria Zeilberger. In diesem Fall ist ihr das in jeder Hinsicht gelungen. Das zeigt die eigens angefertigte Feuerstelle aus Schwarzblech, die von jedem Punkt im Erdgeschoss aus einsehbar ist. Oder die zurückhaltenden Lichtleisten, die etwa Treppe, Flurpodest oder Natursteinmauer von unten in Szene setzen. Die Innenarchitektin liebt diesen Moment – wenn die ersten Leuchten montiert sind und es Licht wird in ihrer Perfektion. Die Lampe auf ihrem Besprechungstisch ist allerdings alles andere als perfekt, ein Fundstück aus einer Apotheke: „Sie summt und braucht regelmäßig einen Stups, um wieder ruhig zu werden." Trotz aller Geradlinigkeit kommt bei Helgamaria Zeilberger auch die Sinnlichkeit nie zu kurz.

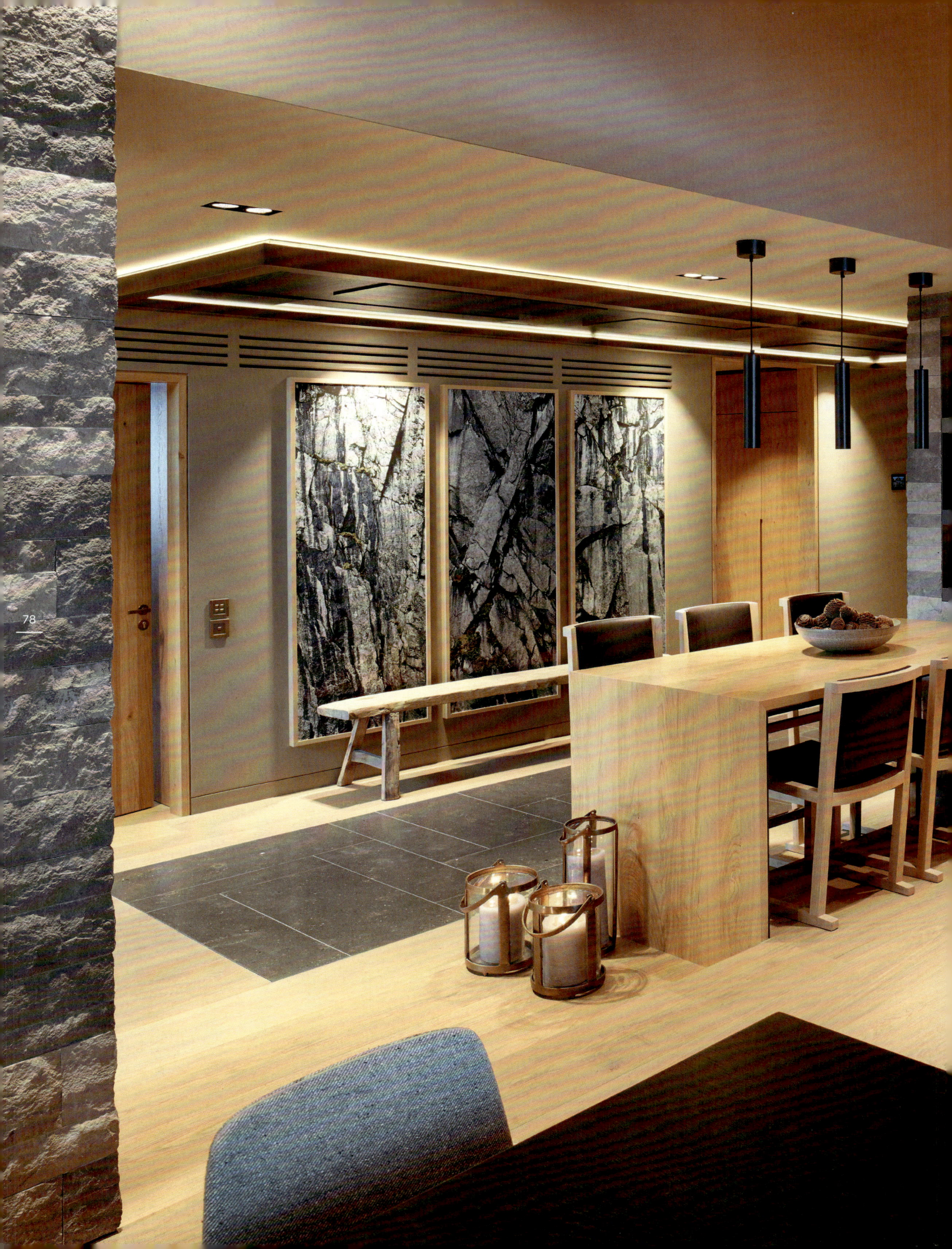

Nicht auf Sand gebaut

ANDRIN SCHWEIZER
// ZÜRICH

Eiche, Stein und Kunst: Das Entree mit „Teppich" aus Naturstein geht in den Koch- und Essbereich über. Das Tryptichon stammt von Markus Bertischi.
Stühle Maxalto **Leuchten** Nahoor **Küchenarmatur** Vola

OBEN Für das Himmelbett-Zimmer baute Andrin Schweizer eine Galerieebene ein, das Dessin der Tagesdecke entwarf er selbst.

Bett Zanotta **Pendelleuchten** Brokis **Teppich** Limited Edition **Beistelltische** Mos

RECHTE SEITE Trotz luftiger Höhe ganz erdverbunden: Der Kamin mit Natursteinverkleidung bildet den spektakulären Mittelpunkt des Penthouses.

Sofa Living Divani **Sessel** Maxalto **Couchtisch** Poliform **Kronleuchter** Lindsey Adelman

P

Pläne für Sandburgen – damit beschäftigte sich Andrin Schweizer am liebsten vor den Schulferien im Sommer. „In Italien habe ich sie dann am Strand nach Plan gebaut", sagt er. Pläne zeichnet er noch immer, im Moment arbeitet sein Team an vier Hotelprojekten gleichzeitig. Die Aufträge reichen vom Flagshipstore bis zum Grandhotel. Der Architekt sitzt mit seinem Labrador Bombay in seinem Zürcher Büro, den Schreibtisch voller Materialmuster, und erinnert sich an den besonderen Auftrag im Hotelkomplex „The Chedi" in Andermatt: Eine belgische Unternehmerfamilie wünschte sich für ihre Ferienwohnung unter dem Dach vier Schlafzimmer mit eigenen Bädern und einen möglichst großen Wohnbereich. Auf 350 Quadratmetern eigentlich kein Problem, aber: Jedes Badezimmer sollte ein eigenes Fenster bekommen.

„Es gab neben einer großen verglasten Front aber nur drei Dachgauben und keine Erlaubnis für zusätzliche Fenster." Andrin Schweizer ordnete drei Schlafzimmer rund um das Wohnzimmer an und zog eine Galerieebene ein, die über das Panoramafenster mit Licht versorgt wird. Die bauliche Hülle des Penthouses wurde damit nicht verändert, der Wohnbereich behielt seine Großzügigkeit und wirkt dank natürlicher Oberflächen wie der handgehobelten, gebürsteten Eichenböden dennoch behaglich. „Wir haben uns hier ganz bewusst auf Materialien konzentriert, die einen starken lokalen Bezug haben, etwa Holz und Naturstein."

Die Auftraggeber ließen dem Architekten weitestgehend freie Hand. „Die Umstände waren nahezu perfekt. Ein toller Raum, unglaublich sympathische Kunden, großes Vertrauen und ein wirklich komfortables Budget. Was will man mehr?" Insgesamt könnte das Apartment auch als Showroom für guten Geschmack herhalten. Die Komposition der Räume und die Eleganz der Oberflächen gewinnen vor dem Panorama der rauen Urner Berge noch an Strahlkraft. Wenn Andrin Schweizer nach einiger Zeit seine Interieurs wieder besucht, hat er manchmal ein mulmiges Gefühl im Bauch: „Schließlich merkt man dann, ob man alles richtig gemacht hat." In diesem Fall kann er sich einfach nur im Erfolg sonnen und von der Zufriedenheit seiner Kunden anstecken lassen. Und die hält garantiert länger als jede Sandburg.

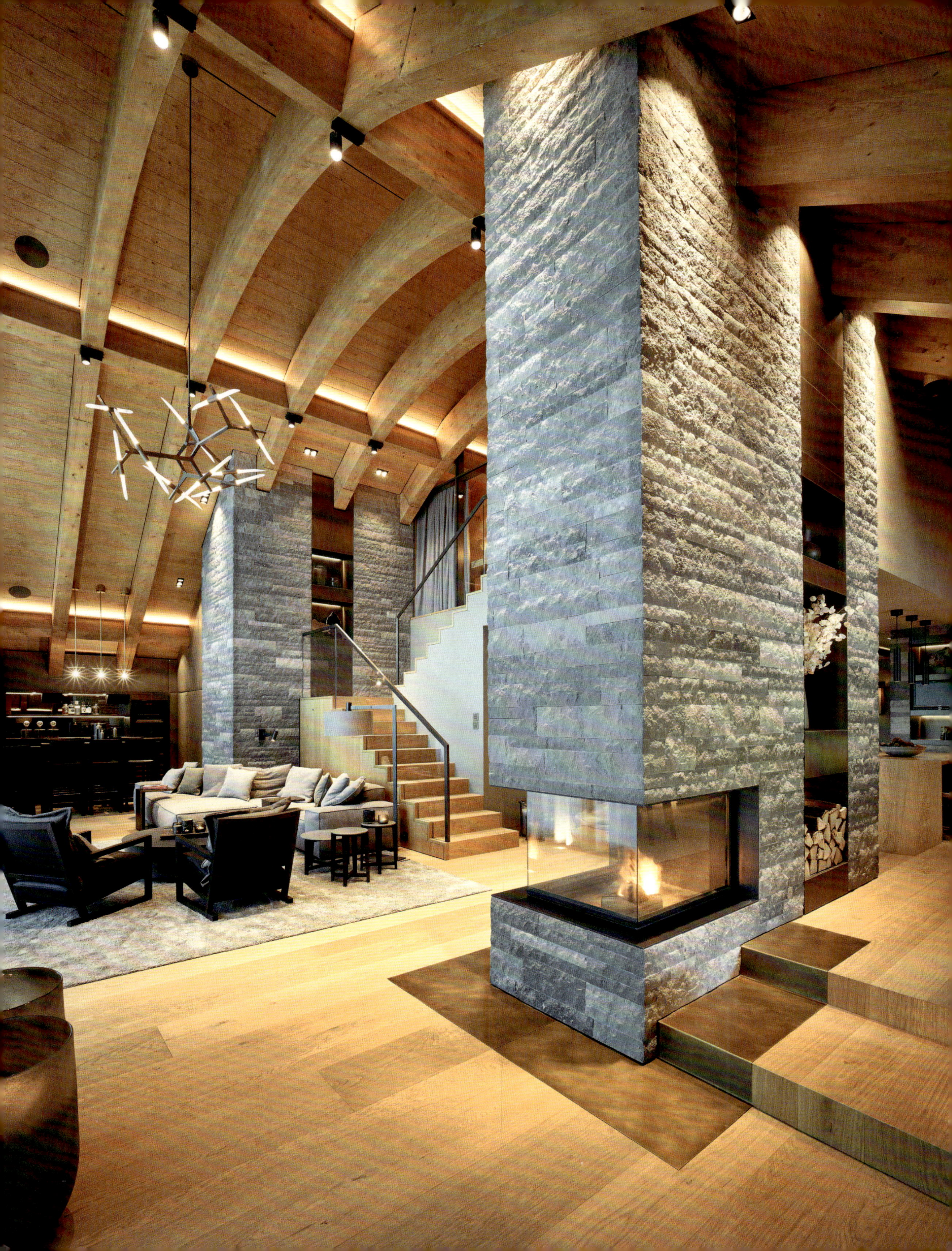

OBEN Abends kommt die Familie am extrabreiten Esstisch zusammen. Die Holzdecke schafft behagliche Chalet-Atmosphäre.
Esstisch Andrin Schweizer **Stühle** Poliform **Pendelleuchte** Zeitraum

RECHTS OBEN Das Natursteinbad ist durch zwei Schiebetüren aus handgehobelter Eiche mit dem Master-Schlafzimmer verbunden.
Armaturen Dornbracht **Pendelleuchte** Lindsey Adelman

RECHTS Der zusätzlich geschaffene Raum auf der Galerie-Ebene wird durch eine Glaswand mit Licht versorgt.
Sofa Living Divani **Stehleuchte** Zeitraum **Beistelltische** Andrin Schweizer

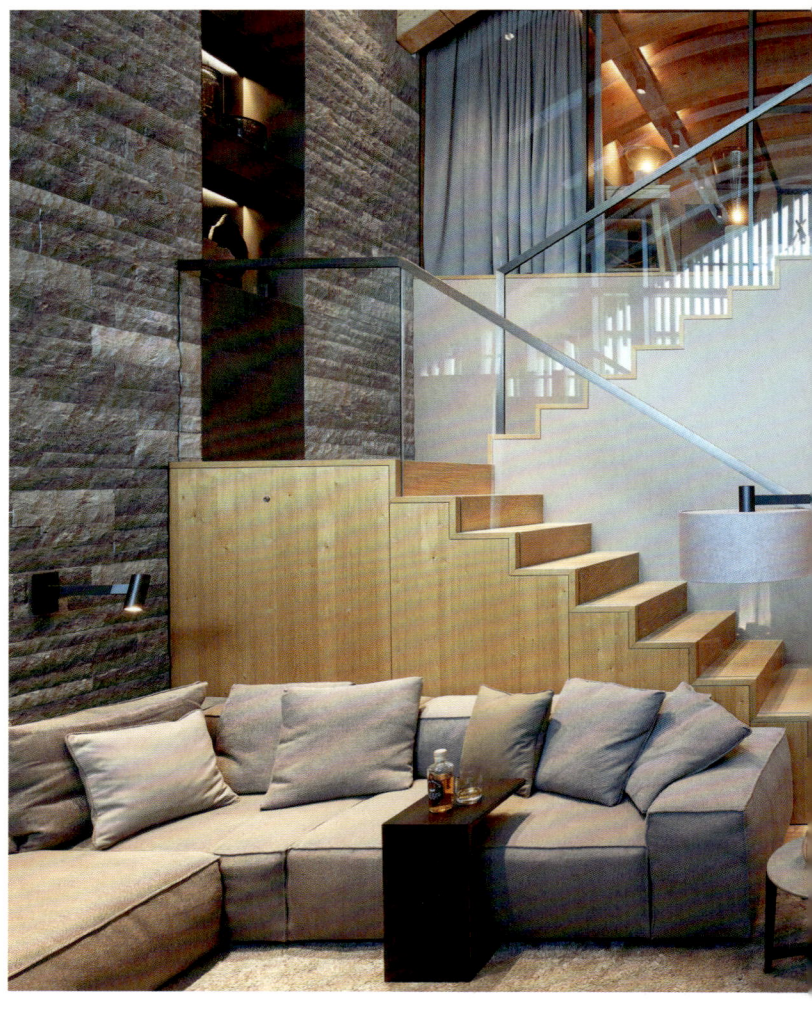

"Ich glaube, jeder kreative Akt ist ein Stück Selbstverwirklichung - ähnlich wie bei Komponisten oder Malern."

ANDRIN SCHWEIZER
ANDRIN SCHWEIZER COMPANY

Details
PENTHOUSE IN ANDERMATT

Anzahl der Bewohner:
5 Personen

Wohnfläche:
320 qm

Gesamtwohnfläche:
350 qm

Fertigstellung:
03/2016

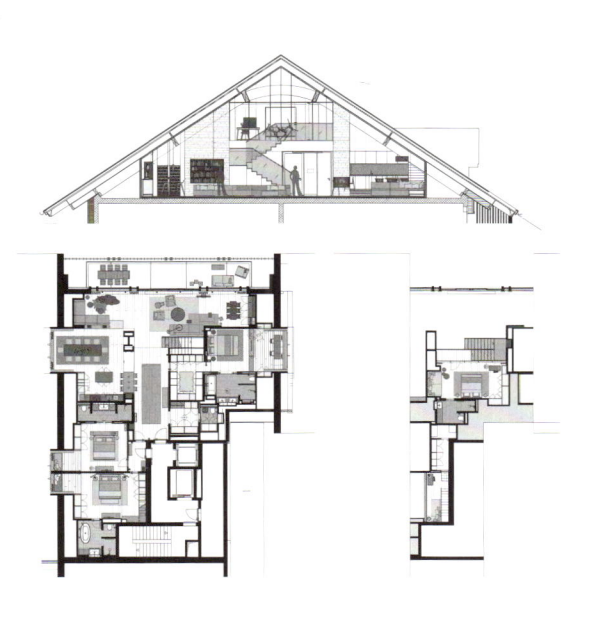

Offen, hell und elegant: Agnes Morguet ließ den Boden des Dachstudios mit blassen Landhausdielen belegen, sie schenken den weißen Einbauten Wärme.
Küche Siematic **Wandfliesen** Equipe **Boden** Parkett Dietrich

Lichtblicke unterm Dach

AGNES MORGUET
// KÖLN

Der Wohnraum wird durch eine Glasfront und ein Dachfenster mit viel Licht versorgt. Das Interieur hält sich mit leisen Farbtönen dezent zurück.
Sofa Habitat **Sessel** Marktex **Stehleuchte & Beistelltische** Agnes Morguet

RECHTS Die Dachschräge hinterm Bett wird bis in den letzten Winkel als Stauraum genutzt, die Einbauten sind hinter Schiebetüren versteckt.
Wandfarbe Caparol

UNTEN Der Flur verbindet den offiziellen Teil des Studios mit dem Schlaf- und Arbeitszimmer. Er badet dank eines zusätzlichen Dachfensters im Licht, weiße Wände weiten die Optik.
Sessel Marktex

E

Ein Apartment für einen neuen Lebensabschnitt zu planen, gehört zu den Lieblingsaufgaben vieler Inneneinrichter. Agnes Morguet verbringt viel Zeit damit, sich den idealen Stützpunkt für ihre eigene neue Lebensphase zu ersinnen: Sie sieht sich auf einem alten Hof, auf dem sie gemeinsam mit ihrem Mann den Traum vom Leben und Arbeiten unter einem Dach verwirklichen kann. Eine Oase auf dem freien Feld mit Raum- und Materialwelten will sie dort gestalten, damit sie ihre Kunden nicht immer durch sämtliche Showrooms von Köln lotsen muss. „Ich möchte einen Ort der Inspiration schaffen", sagt die gelernte Schreinerin. „Und gleichzeitig möchte ich nachts aufstehen und an die Kreissäge gehen können."

Einen neuen Lebensplan verfolgte auch das Ehepaar, für das die Innenarchitektin eine luxuriöse Dachgeschosswohnung in Köln-Junkersdorf ausstattete. Bisher bewohnten die Eigentümer das sehr geräumige Elternhaus, mit Anfang 60 entschieden sie sich, in eine kleinere Wohnung umzuziehen. „Da sie beruflich und privat viel reisen, sollte das Penthouse einen Ruhepol darstellen." Der Aufzug führt direkt ins Apartment, das mit fast 140 Quadratmetern immer »

OBEN Der Kamin ist nach drei Seiten hin offen, so lässt sich die Feuerstelle vom Wohn- und Esszimmer aus genießen. Der Fernseher ist bündig in den Kamin integriert.
Esstisch Bonaldo **Sessel** Habitat **Frame-TV** Samsung

OBEN RECHTS Kurvenstars: Die Kochinsel hat eine vom Schreiner abgerundete Kante, genauso wie eine Wand im hinteren Flur.
Beistelltische Agnes Morguet

RECHTS Platzvorteil: Die frei stehende Badewanne rückt bis unter die Dachschräge.
Wanne Rexa **Waschtisch** Duravit **Wandfliesen** Equipe

Agnes Morguet

"Inneneinrichter brauchen Abstraktionsvermögen. Um den normalen Weg zu verlassen und unbefangen entwerfen zu können."

AGNES MORGUET

Details
DACHSTUDIO

Anzahl der Bewohner:
2 Personen

Wohnfläche:
126 qm

Gesamtwohnfläche:
138,5 qm

Fertigstellung:
04/2018

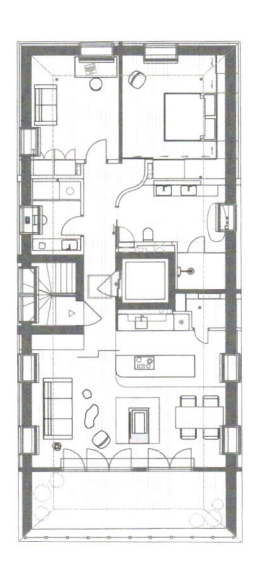

noch genug Raum zur Entfaltung schenkt. Durch die großen Dachfenster und die gläserne Front im Wohnraum fällt jede Menge Tageslicht. Strahler in den abgehängten Decken leuchten auch den letzten Winkel aus. Die offene Gestaltung von Küche, Essplatz und Wohnzone lässt die Wohnung klar und ruhig wirken – ein idealer Rückzugsort, der Bewohner und Besucher gleichermaßen willkommen heißt.

Der Boden ist mit Eichenparkett im Dielenformat belegt, der Flur macht im hinteren Teil einen Bogen, genau wie die Küche. „Um eng wirkende Ecken zu vermeiden, haben wir der Wand eine sanfte Rundung verpasst. Sie taucht auch in der Verlängerung der Küche wieder auf." So schafft Agnes Morguet eine Klammer zwischen den Räumen. „Am Anfang steht für mich immer die Analyse der Kunden. Dafür sammle ich Worte, Bilder, Musik und Materialien, die ihn für mich widerspiegeln." Die Persönlichkeit des Ehepaars hat sie feinfühlig erfasst, zu deren Freude brachte sie im neuen Konzept sogar einige Wandleuchten und Accessoires aus dem Interieur des vorherigen Hauses unter.

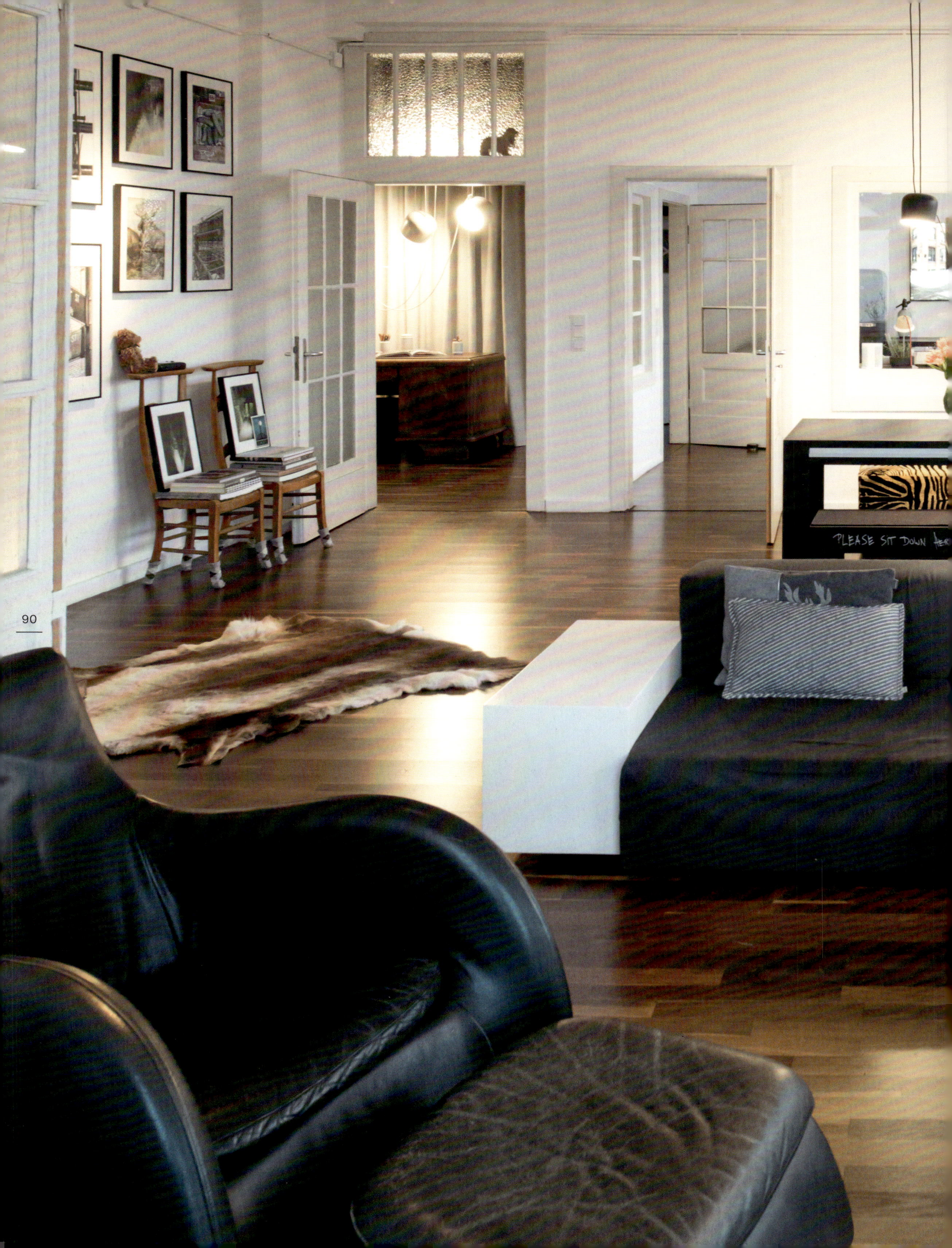
PLEASE SIT DOWN

Früher drängte sich hier Büro an Büro, jetzt hat das Design freie Bahn. Allein die Türen erinnern noch an die ursprüngliche Nutzung als Verwaltungsabteilung.

Sessel Montis **Sofa** Living Divani **Stehleuchte** Foscarini **Deckenleuchte** Flos **Tisch & Bank** kp us

Spielfläche für zwei Individualisten

KPLUS KONZEPT
// DÜSSELDORF

Upcycling nach Maß: Das Schlafzimmer der Eigentümer zieht sich platzsparend in eine Ecke des Lofts zurück, verkleidet mit den Trennwänden der ehemaligen Bürozellen.

Sessel Montis

B

Bettina Kratz' Arbeitstag beginnt mit einem Glas Darjeeling Castelton. Die Innenarchitektin führt mit ihrem Mann das Planungsbüro kplus in Düsseldorf, arbeitet aber überall – im Zug, auf dem Sofa, im Café, am Flughafen: „Je nachdem, wo mich der Terminkalender gerade hinschickt. Und leider schleppe ich auch immer alles mit mir herum: Moodboards, Sketchbooks, Laptop." Wer so viel unterwegs ist, braucht ein entsprechendes Morgenritual – und abends einen entspannten, warmen Rückzugsort. Umso mehr überrascht es, dass man diesen ausgerechnet in einem ehemaligen Verwaltungsgebäude im Industriegebiet Flingern-Süd findet.

Wo sich früher Zellenbüros aneinanderreihten, hat das Paar eine große Wohnbühne geschaffen, mit Eichenboden, satten Farben und einer Mischung aus Erbstücken, Design-Beute und Antiquitäten. Auf den 108 Quadratmetern galt die Devise: möglichst viel Freiraum, wenige Wände, unbegrenztes kreatives Potenzial. Der Schlafplatz ist durch eine Reihe Holzwände der ehemaligen Büros abgetrennt, jedes Element hat aber mehrere Fenster, sodass ein offenes wie intimes Ruheabteil entstand. Auch die Küche verfügt neben dem Fenster zum Hof über ein breites Aussichtsfenster zum Wohnbereich. So bleibt das Paar sogar dann in Kontakt, wenn einer an der zur Kochinsel umfunktionierten Werkbank steht.

Besonders stolz ist Bettina Kratz aber auf ihr Entree: „Der Flur wird viel zu oft als Abstellraum behandelt und vollgestopft mit Dingen, die man im Haus nicht haben will", sagt sie. „Für Gäste ist dieser erste Eindruck eine ganz schlechte Willkommensgeste." Deshalb hat sie aus einem ehemals nichtssagenden Flur einen spannenden Raum mit Aufenthaltsqualität geschaffen: eine Eingangsgalerie mit schwarzen Wänden, dramatischer Beleuchtung und wechselnder Kunst. „Es geht auch in der Innenarchitektur immer darum, Visionen zu haben. Ohne sich davon abschrecken zu lassen, dass man noch nicht weiß, wie sie zu realisieren sind." Dann wird auch aus einer Büroetage ein behagliches Apartment, das genauso entspannt wirkt wie seine Bewohner.

OBEN Zimmer mit Aussicht: Die Schlafbox ist kaum größer als das Doppelbett und durch teils verglaste Trennwände perfekt vom Rest abgeschottet.
Nachttisch kplus
Leuchte Philips

OBEN LINKS Lieblingsplatz der Eigentümer ist die alte Werkbank in der Küche, belegt mit dicken Marmorplatten und Teppanyaki-Grill.
Grill Küppersbusch
Wandleuchten Kaiser Idell

Der Eingangsbereich wird zur Galerie mit Arbeiten von Laurentz Thurn. Hinter dem hellen Vorhang verbirgt sich die Rückseite der Kleiderschränke.

Sessel Markus Kratz **Büchersessel** Nils Holger Moormann **Leuchte** Flos

"Drei überschätzte Dinge, wenn es ums Einrichten geht? Trends, Trends, Trends."

BETTINA & MARKUS KRATZ
KPLUS KONZEPT

Details
LOFT IN DÜSSELDORF

Anzahl der Bewohner:
2 Personen

Wohnfläche:
108 qm

Gesamtwohnfläche:
108 qm

Fertigstellung:
12/2016

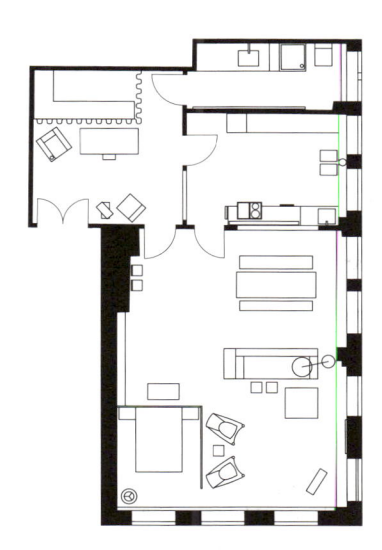

Meditation in edlen Materialien

BETHA & SCHNEIDER
// HOMBURG

Der Wohnraum wird den Bedürfnissen der Familie gerecht. Am Esstisch haben alle Platz, auf das Eichenpodest kann man sich zurückziehen wie auf eine Privatinsel.
Esstisch Jeromin **Hängeleuchte** Tom Dixon **Sessel** Vitra **Sofa** Tommy M

97

LINKS Die Horizontale des eingebauten, tiefbraunen Sekretärs sorgt für Klarheit. Ein paar Stufen höher wird aus ihm eine behagliche Sitzbank.
Stuhl Vitra

LINKS UNTEN Das klassische Marmor-Treppenhaus bekam mit Seitenteilen aus schwarz lackiertem Schichtholz eine Frischekur verpasst.

E Eine Grundregel im Umgang mit Sanierungen: Sobald man an etwas Hand anlegt, treten Überraschungen zutage. Im Planungsbüro von Jens Betha und David Schneider war es eine gusseiserne Stütze, heute der Dreh- und Angelpunkt im gemeinsamen Büro. „Die Stütze haben wir vor dem Einzug von einem ‚Kleid' aus Spanplatten und Bauschaum befreit", erinnert sich Jens Betha. „Heute ist sie unser kostbarstes Stück." Ein anderes konstruktives Detail bereitete den beiden mehr Kopfzerbrechen: In dem Homburger Einfamilienhaus aus den achtziger Jahren sollte ein Türsturz im Erdgeschoss entfernt werden. Allerdings spielte er im statischen System eine entscheidende Rolle – deshalb wurde ein neuer Stahlträger auf der darüberliegenden Geschossdecke aufgelegt und bis in den Keller verankert, um die enormen Kräfte aufzufangen. „Wenn wir dieses Detail nicht gelöst hätten, wäre das erarbeitete Konzept nicht umsetzbar gewesen", sagt Jens Betha. Jetzt sind die rund 145 Quadratmeter auf zwei Etagen behaglich, aufgeräumt und offen. Die Innenwand zwischen Küche und Esszimmer wurde entfernt. Wo sich früher eine kleine Küche und ein beengtes Esszimmer drängten, können die Eigentümer heute an einer großzügigen Kücheninsel die Morgensonne genießen. „Wir wollten die Küche an den Garten anbinden und mit mehr Tageslicht versorgen." Für Helligkeit sorgt auch der ursprüngliche »

Der Fliesenboden aus Carrara-Marmor steht in modernem Kontrast zu den tiefbraunen Einbauten. Die Eichenmöbel erinnern an japanische Ästhetik.
Barhocker Ethnicraft
Hängeleuchte Marset

100

LINKS Die schwarz geflieste Dusche mit den matten Armaturen und dem Handtuchheizkörper sind der Kick im Bad.
Armaturen Vola

UNTEN Hinter den Doppeltüren aus Milchglas verbirgt sich die Dusche. Der Unterbau der Waschbecken ist eine Schreinerarbeit aus Eiche.
Armaturen Vola

Carrara-Marmor-Boden, dessen Fliesen im Zuge des Umbaus neu verfugt, geschliffen und poliert wurden. Die scheinbar minimalistische Gestaltung offenbart auf den zweiten Blick subtile Details. Ein raumübergreifendes Möbel dient als Sideboard, Sekretär und Sitzbank. Tiefbraune, matte Flächen aus Schichtstoff rahmen das Treppenhaus wie eine architektonische Skulptur. Ein objekthafter Block als raumhohes Einbaumöbel gliedert die verschiedenen Bereiche. Durch die hochwertigen Materialien wie Marmor, Eiche und Beton, die wenigen Farben und die großen Flächen entsteht eine fast meditative Stille, die durch die Umgebung unterstrichen wird: Das Haus wird an drei Seiten von Wald und Grün umarmt. Mit wenigen Eingriffen in die Bausubstanz und gezielten Ergänzungen wurde räumliche Großzügigkeit und Weite geschaffen. „Pur, kontrastreich und edel", beschreibt Jens Betha das Interieur. „Innenarchitektur sollte den Anspruch nach Zeitlosigkeit haben", ergänzt David Schneider. „Hilfreich ist auch eine in sich ruhende Selbstverständlichkeit der Dinge." Umso besser, wenn sich die Komponenten so perfekt ergänzen wie hier.

"Unserer Auffassung nach sollte auch Innenarchitektur den Anspruch auf Zeitlosigkeit haben."

DAVID SCHNEIDER & PROF. JENS BETHA
BETHA & SCHNEIDER

Details
AUSBAU EINFAMILIENHAUS

Anzahl der Bewohner:
4 Personen

Wohnfläche:
143,5 qm

Gesamtwohnfläche:
250 qm

Fertigstellung:
12/2016

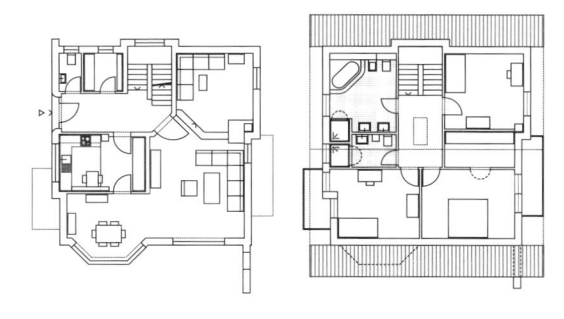

Experimentierfeld: Stefan Rier setzt seiner Kreativität mit tapetenbezogenen Wohnwürfeln ein Denkmal. Dort sind Schlafzimmer und Bäder untergebracht.
Esstisch Tischlerei Rier **Stühle, Beistelltische** Versmissen **Hängeleuchte** Karman **Tapete** Effeitalia

In aller Offenheit

NOA
// BERLIN

OBEN Das verglaste Dach des modernen „Holzstadels" liefert spektakuläre Aussichten auf die Alpen. Die Glastür auf dem Podest führt in die Sauna.
Sessel Versmissen **Leuchte** Lifestyle94 **Vasen** PTMD

RECHTE SEITE Die Treppe verbindet die Schlafboxen und besteht aus gelaserten, ineinandergreifenden Mustern. So wirkt die Eisenkonstruktion dennoch transparent.
Treppe Schlosserei Kometal

D

Die ersten Skizzen eines Projekts, sagt Stefan Rier, gingen ihm immer leicht von der Hand. Für den Entwurf seines eigenen Hauses brauchte er allerdings fast sieben Jahre. Jetzt sitzt er am Schreibtisch, vor ihm Kopfhörer, Zigaretten, Projektunterlagen, Visitenkarten, eine Einladung zur Hochzeit, Schoko-Eier und Zugtickets nach Como – ein geordnetes Chaos. „So aufgeräumt war es hier lange nicht mehr", schmunzelt der Architekt, der einige Zeit in Verona und Ferrara die italienische Kultur verinnerlicht hat. Nach 20 Jahren zog es den Südtiroler dann zurück in sein Heimatdorf am Fuße der Seiser Alm. „Ich wollte ein Haus bauen, das sich im Äußeren ins Dorfgefüge einbindet und im Inneren mein Leben und meine Erfahrungen, auch in den Großstädten Berlin und Mailand, wiedergibt."

Sein „Messnerhaus" gleicht äußerlich einem luftigen Holzstadel, der drei Etagen in die Höhe wächst. Das Innenleben ist eine einzigartige Mischung aus Industrial Chic und modernem Chalet-Stil. Ein gelebter Eklektizismus, den man selten so homogen erlebt: „Ich schätze die Kombination der Materialien: Das warme Holz, der industrielle Boden und die mediterranen Fliesen geben ihm einen unverwechselbaren Charakter."

Die Aufteilung der Räume: alles offen. Nur die WCs, die Sauna und das Schlafzimmer sind in tapezierten Kuben untergebracht, die scheinbar frei von der Decke hängen. Die Idee für das luftige, zehn Meter hohe Wohnzimmer entstand aus einer Kindheitserinnerung an den Heuboden und riesigen Stadel seiner Eltern heraus: „Für mich gab es nichts Schöneres als einen Sprung ins frische und weiche Heu." Stolz wie ein Kind ist der Architekt auch auf seine Küche: Sie besteht aus einem fast vier Meter langen Block, der mit handgefertigten Fliesen aus den italienischen Marken belegt ist und auf dem eine Bronzeplatte ruht.

Für die schmiedeeiserne Treppe in die erste Etage ließ Stefan Rier verschiedene Muster aus dem Metall herauslasern. Das ganze Interieur ist eine Zusammenkunft aus Highlights, die sich aber nicht gegenseitig erschlagen, sondern beleben. „Dieses Design nimmt sich nicht ernst, es soll Freude vermitteln. Das sehe ich auch in den Augen unserer Gäste", sagt der Architekt. „Diese Momente sind mir wichtiger als jede Auszeichnung, und aus diesem Grund ist das Messnerhaus der für mich größte Erfolg meiner Laufbahn."

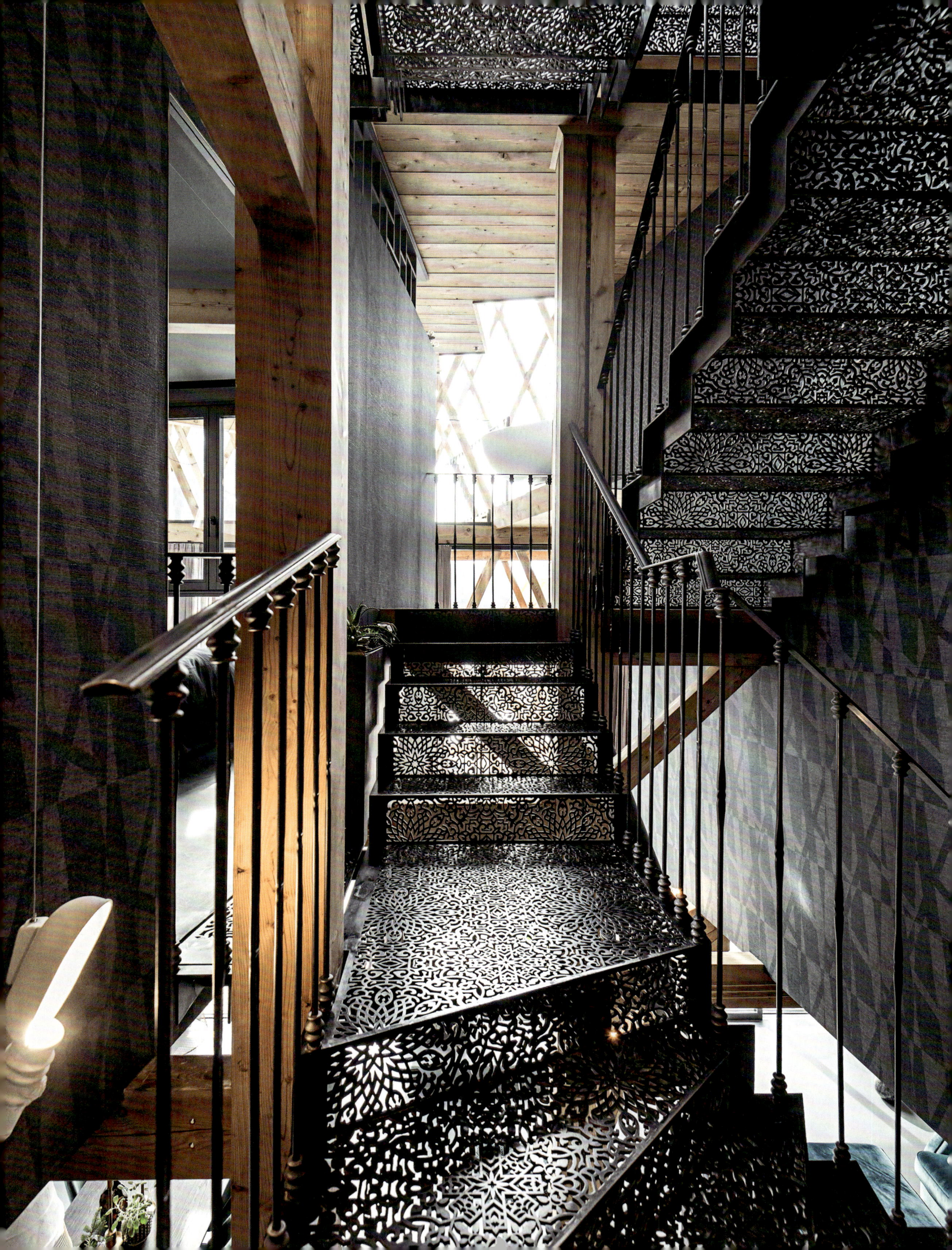

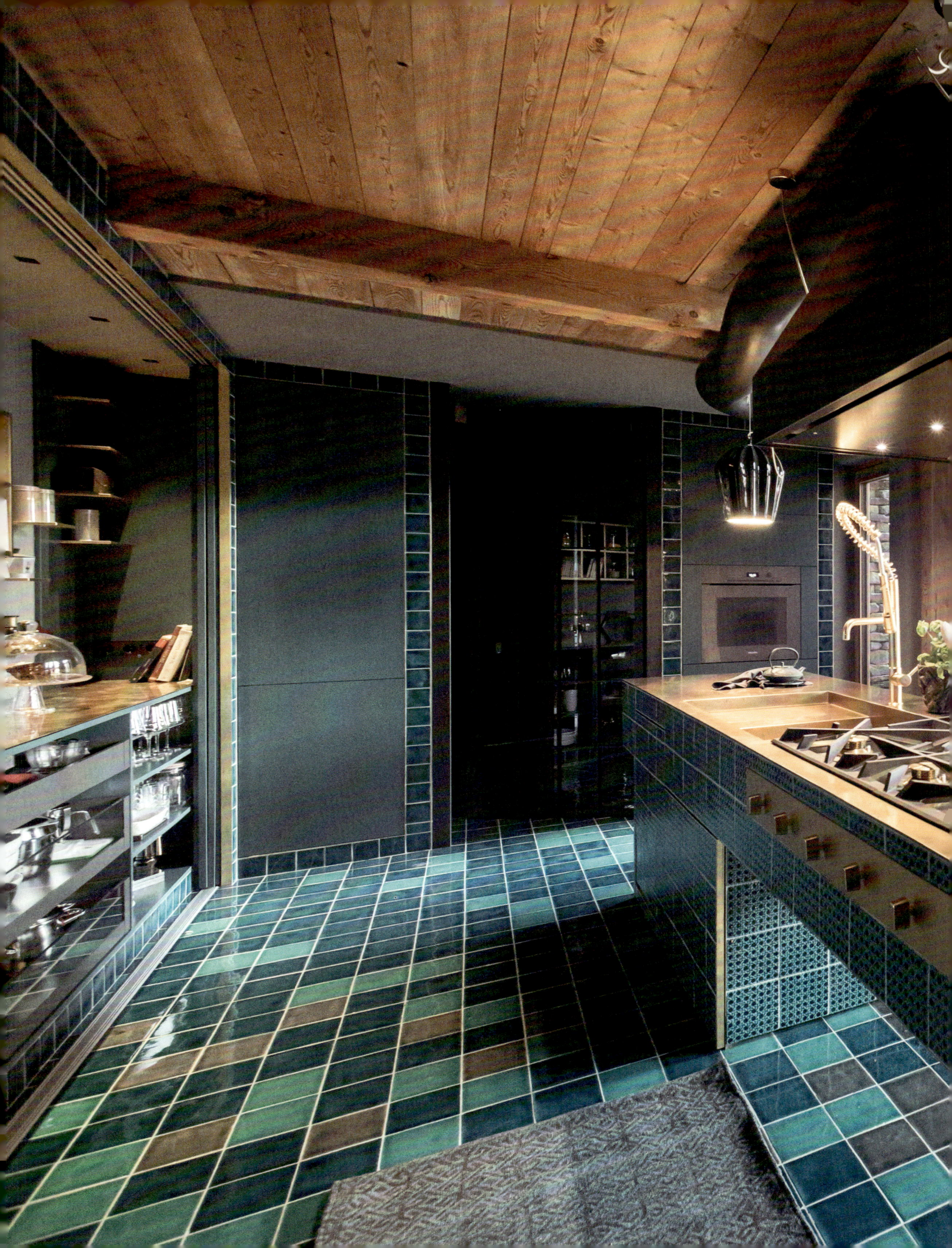

Der Küchenblock zieht sich vier Meter durchs Erdgeschoss. Er ist belegt mit glasierten Tonziegeln aus den italienischen Marken, darauf ruht eine Bronzeplatte.

Fliesenbelag Domenico Mori **Küchen-Equipment** Electrolux, Miele **Hängeleuchten** Karman

OBEN Bad oder luftiges Boudoir? Jedenfalls ist hinter der Glasfassade genügend Platz für ein gemütliches Daybed.
Badewanne Teuco **Armatur** Cristina **Daybed** Tine K Home **Vasen** PTMD

RECHTS OBEN In der von unten beleuchteten Sauna brennt ein Lichtspektakel.
Sauna Tischlerei Rier

RECHTS Waschtisch und Ankleide gehen fließend ineinander über. Für das Schrankmöbel mit den Glasplatten entwickelte Stefan Rier ein eigenes Beleuchtungskonzept.
Spiegel Tischlerei Rier **Leuchten** Osram **Armaturen** Cristina

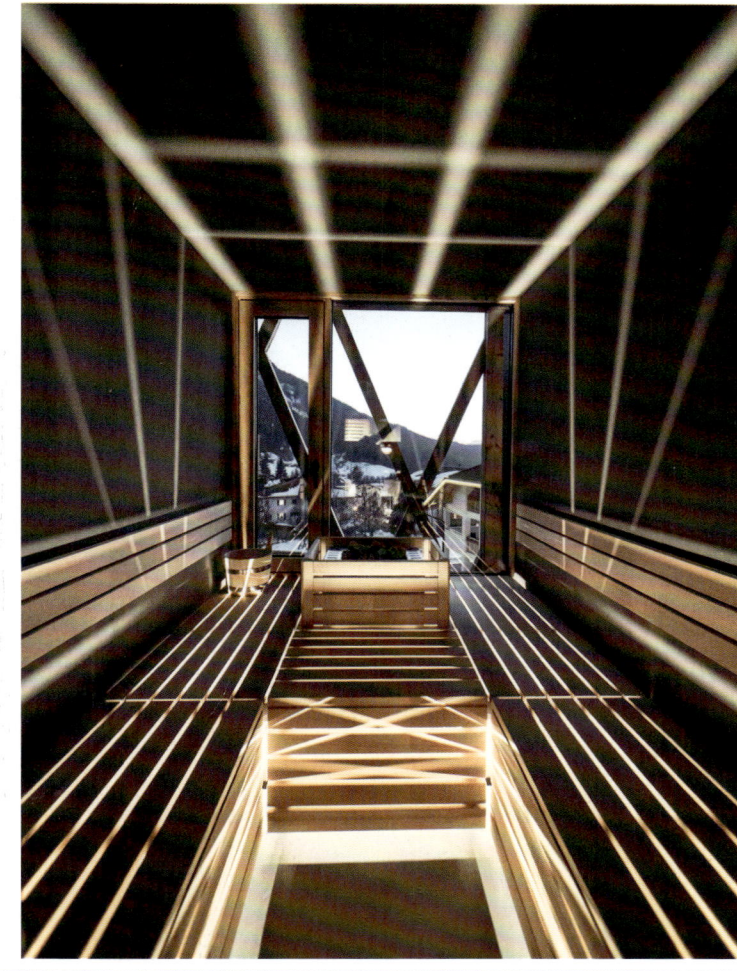

"Wir bieten mit unseren Interiors einen Spielraum, der zusammen mit dem Eigentümer wächst."

STEFAN RIER
NOA

Details
MESSNERHAUS

Anzahl der Bewohner:
3 Personen

Wohnfläche:
220 qm

Gesamtwohnfläche:
250 qm

Fertigstellung:
12/2017

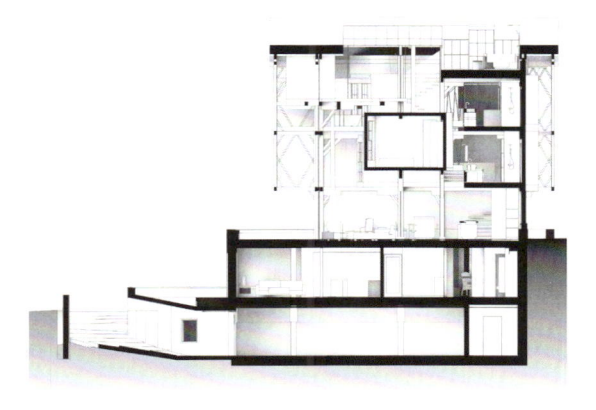

Wichtigster Schachzug im Keller: perfekte Ausleuchtung. Hier strahlen Deckenspots jeden Winkel aus. Neben dem Türportal ist zusätzlich jede Menge Stauraum integriert.

Einbauschränke Schreinerei Hammes

Bergblick im Basement

FRIES ARCHITEKTEN
// VALENDAR

Die Playzone für Konsolenspiele ist ein perfekt genutztes Durchgangszimmer. Sie besteht aus einer Bank mit Stauraum und einem großen Flatscreen an der gegenüberliegenden Wand.
Wandleuchte Northern

RECHTS Dunkle Wände im Keller? Wirken mit dem richtigen Licht mutig und äußerst elegant. Im Musikzimmer setzen zwei Designer-Leuchten das Klavier in Szene.
Wandleuchten Top Light

UNTEN Im Gästevorzimmer sind ein Frühstücksplatz und eine kleine Teeküche untergebracht. Alle Türportale bestehen aus robustem, lackiertem Stahlblech.
Tisch & Bank Schreinerei Hammes **Hängeleuchte** Nostalgia Lights **Vase** Depot

E————

Ein dunkler, ungeliebter Keller in Meinborn im Westerwald. 100 Quadratmeter Nutzfläche, durch die minimalen Fensterausschnitte fällt kaum Licht. Immerhin: In einem Teilbereich lagert die Weinsammlung des Bauherren. „Wir erkannten sofort, dass die Familie offen für Neues ist, viel von der Welt gesehen hat und das Besondere liebt", sagt Guido Fries, dessen Büro den Auftrag übernahm. Aus dem Abstellraum sollten seine Architekten eine Lounge im Chalet-Look machen, inklusive Gästezimmer, Dusche, Musikzimmer, Playzone für die Kinder und jeder Menge Stauraum für Haushaltsgegenstände, die jeder im Keller unterbringen muss.

Fries' Innenarchitekt Dominic Brüning entschied, eine Wand zu durchbrechen und Lounge und Musikzimmer zu einer Einheit zu verschmelzen. Von allen Blickwinkeln aus hat man freie Sicht auf einen zentralen verglasten Kamin. Aus der Not machte Dominic Brüning eine Tugend: Anthrazitfarbene Wände schaffen eine angenehme Schwere und unterstreichen die dunkle und gemütliche, aber gleichzeitig moderne Grundstimmung. „Ich schätze vor allem das Zusammenspiel der Materialien: Holz, Stahl und Stein", sagt der Interior Designer, der inzwischen sein eigenes Büro führt. Der Naturstein, mit dem eine ganze Wand belegt ist, ist angepasst an Parkett und Möbel und wurde zusammen mit den Bauherren in mehreren Runden ausge- »

OBEN Das Besucher-Schlafzimmer lädt ein zum Schäfchenzählen. Mit der großen Dusche gönnten die Innenarchitekten den Gästen ein eigenes Wellness-Areal.
Armatur Grohe

RECHTE SEITE Die beleuchtete Steinwand im Treppenhaus gibt einen Vorgeschmack auf die Stilwelt unten.
Leuchte Normann Copenhagen **Steinwand** Geopietra

RECHTS Die Lounge mit Kamin und Bruchsteinwand ist das Zentrum des Kellers mit direktem Zugang zum Weindepot der Gastgeber.
Stehleuchte frauMaier **Sessel** Cassina **Sideboard** Schreinerei Hammes

> *"Inspiration kommt immer mit Blatt und Stift in der Hand. Ausprobieren, skizzieren, entwerfen, verwerfen..."*

GUIDO FRIES & DOMINIC BRÜNING
FRIES ARCHITEKTEN

Details
KELLERLOUNGE

Anzahl der Bewohner:
4 Personen

Wohnfläche:
100 qm

Gesamtwohnfläche:
350 qm

Fertigstellung:
01/2016

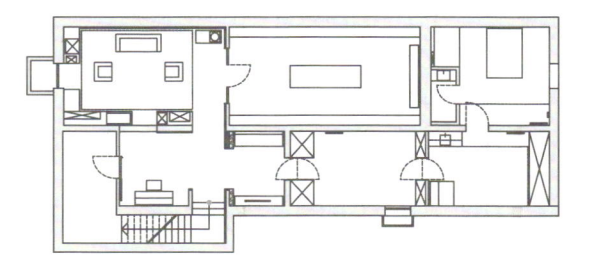

wählt. Neben den Türportalen aus schwarzem Stahl ließ Dominic Brüning raumhohe Schränke einbauen, die Regale in den Holzeinbauten bestehen ebenfalls aus Stahl. „Less is more. Diese Grundregel ist ganz wichtig in der Gestaltung."

Gerade weil sich nach Abschluss eines Projektes sowieso noch eine Menge verändert. „Der Kunde fügt immer noch einige Accessoires oder Bilder hinzu. Das funktioniert auch gut, wenn man eine ruhige Basis schafft. Bunt wird es durch die Bewohner von allein." Oder auch wenn man den Kunden mit Humor aus der Reserve lockt und dann zusammen Ideen entwickelt. Die Gäste schlafen in der Kellerlounge jetzt zum Beispiel unter einer Schafherde, das gemeinsam ausgewählte Motiv ist als Tapete überdimensional über die ganze Wand gezogen. So hat das Büro die scheinbar unmögliche Aufgabe mit Bravour gelöst. Aus dem Keller ist eine Wohlfühloase für Familie und Freunde entstanden.

Das Ankleidezimmer des Townhouses dient auch als Schlafraum für Gäste. Die tiefdunkle Wand und sinnliche Materialien machen es zum einladenden Ruhepol.
Bett & Spiegel Ikea
Bettwäsche Urbanara
Hängeleuchte Made
Wandfarbe Farrow & Ball

Refugium mit Sogwirkung

EMMA B. HOME
// HAMBURG

OBEN Das Regal im Schlafzimmer ist ein Klassiker, modern interpretiert vor einer grünen Wand.
Regal String **Kissen** My Friend Paco

RECHTS OBEN Exzentrik im Gästezimmer: Die verspiegelte Kommode fängt das Licht ein.
Stehlampe Made **Vasen** HK Living, Madam Stoltz

RECHTE SEITE Die Umgestaltung des Gäste-WCs war eine Mutprobe. Heute feiert es mit Tiefsee-Tapete und Folklore den Stilmix.
Tapete Cole & Son **Wäschekorb & Handtücher** Urbanara

„Ich könnte jede Woche etwas neu gestalten", sagt Emma Brunckhorst. Manchmal besteht die größte Herausforderung eines Auftrags jedoch darin, nur Teile des Ganzen zu verändern. Für dieses Townhouse im Hamburger Stadtteil Harvestehude sollte die Interior Designerin den privaten Bereichen Schlafzimmer, Gästezimmer und Gäste-WC einen komplett neuen Look verpassen. „Die Eigentümer nutzen das Apartment als Zweitwohnsitz, der Wohn- und Essbereich und das Badezimmer waren bereits sporadisch eingerichtet." Emma Brunckhorsts Aufgabe: den alltagsgestressten Bewohnern eine Extraportion Entspannung und Ruhe zu gönnen.

Sie entschied, die Wände des Schlaf- und Gästezimmers in satten, dunklen Farben zu tünchen und das Gäste-WC mit einer schwarzgrundigen, fotorealistischen Fischtapete auszukleiden. „Die hohen Wände sind ein großer Bestandteil des Interieurs", sagt sie. Der kleine Raum mauserte sich zum exzentrischen Salon, auf den sie besonders stolz ist. Sie setzte auf Kelimkissen aus recycelten Teppichen, eine urige Holzbank und Wandbehänge im Ethnolook – allesamt Gegenstände, die normalerweise Wohnbereichen vorbehalten sind. „Dadurch entsteht sofort eine Raumwirkung. Es ist jetzt nicht mehr nur ein lästiger Nebenraum, sondern vollständig integriert und zugleich repräsentativ."

Ein besonderer Fokus lag insgesamt auf der Dekoration: „Die Kunden haben ein Auge fürs Detail." Weil sich die Bewohner einen Zufluchtsort wünschten, achtete die Interior Designerin beim Einrichten auf den Bezug zur Natur, zum Beispiel, indem sie stilisierte Pflanzenmotive für Bilder und Kissen auswählte. „Ich wollte Ruhe schaffen. Das gelingt häufig auch über Haptik." Die Felldecke im Gästezimmer vermittelt auf den ersten Blick wohlige Wärme, der grobe Leinenüberwurf im Schlafzimmer lädt zum Anfassen ein. Bodentiefe Fenster versorgen das Townhouse mit viel Tageslicht und lassen die intensiven Farben besonders brillant schimmern. „Das Interieur strahlt insgesamt viel Ruhe aus", sagt Emma Brunckhorst. „Das ist etwas, was man nach einem langen Arbeitstag besonders zu schätzen weiß."

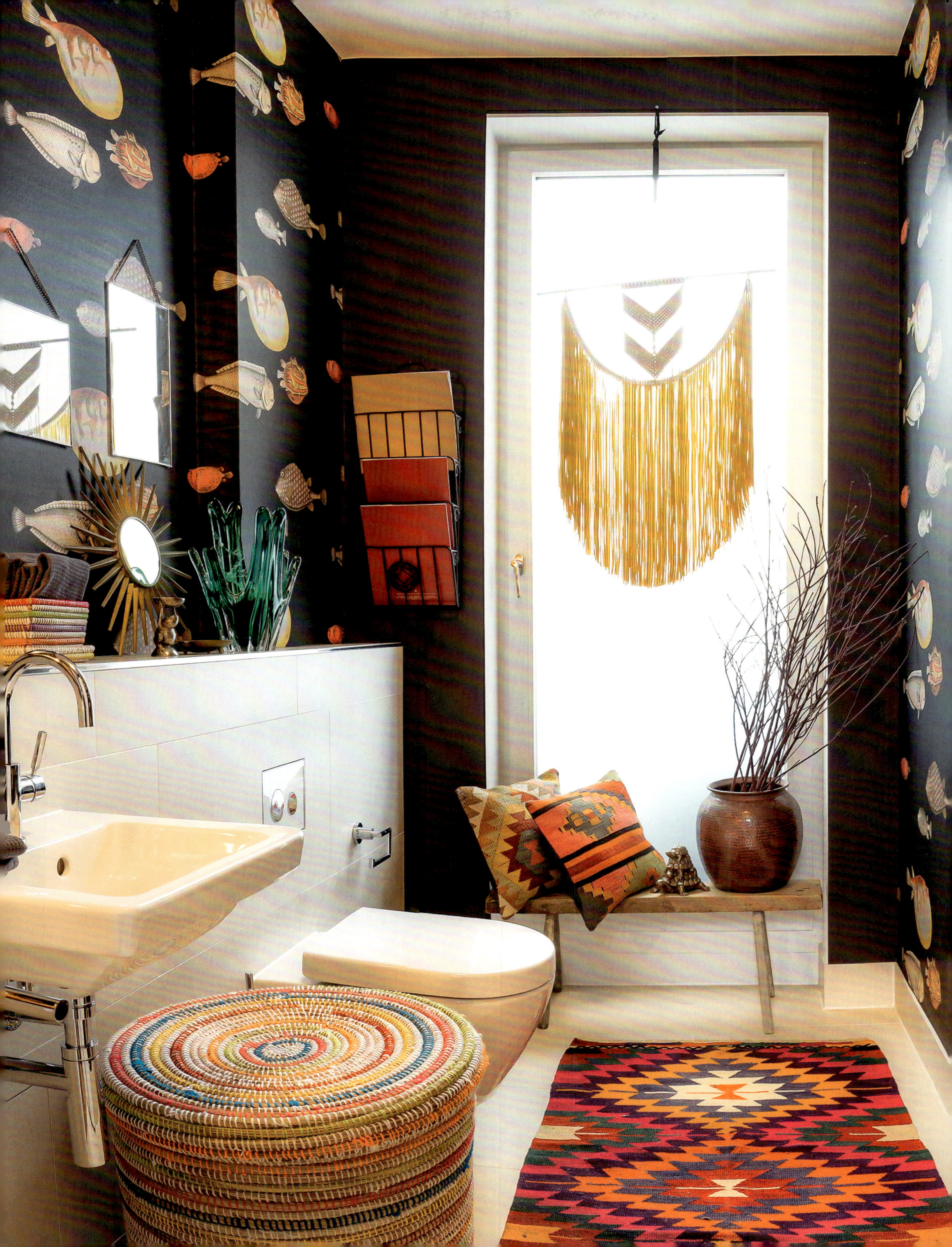

Grüntöne gelten als natürliches Beruhigungsmittel. Emma Brunckhorst setzt sie deshalb konsequent im Schlafzimmer ein, als Hintergrund, Bildmotiv und in den Accessoires.

Sideboard Ethnicraft
Kerzenständer HK Living

"Mut gehört zu meinen Stärken. Und als Gestalter braucht man Mut, um Entscheidungen zu treffen, immer wieder."

EMMA BRUNCKHORST
EMMA B. HOME

Details
TOWNHOUSE HAMBURG

Anzahl der Bewohner:
2 Personen

Wohnfläche:
130 qm

Gesamtwohnfläche:
130 qm

Fertigstellung:
08/2017

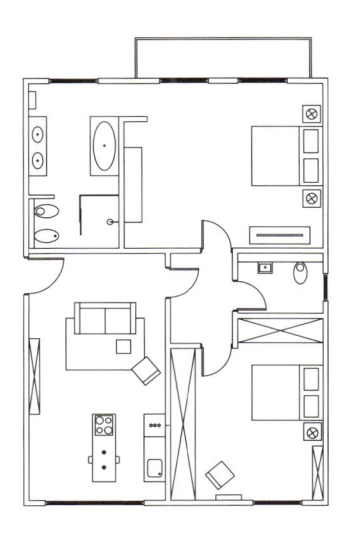

Familienleben nach Maß

ARNOLD / WERNER
// MÜNCHEN

Koch- und Essbereich des Hauses sind in einem fast quadratischen Raum untergebracht. Der Tisch lässt sich ausziehen – weil die Hausherren häufig Gäste empfangen.

Küche Bulthaup **Esstisch** Arnold / Werner **Stühle** Plank **Leuchte** Roll & Hill

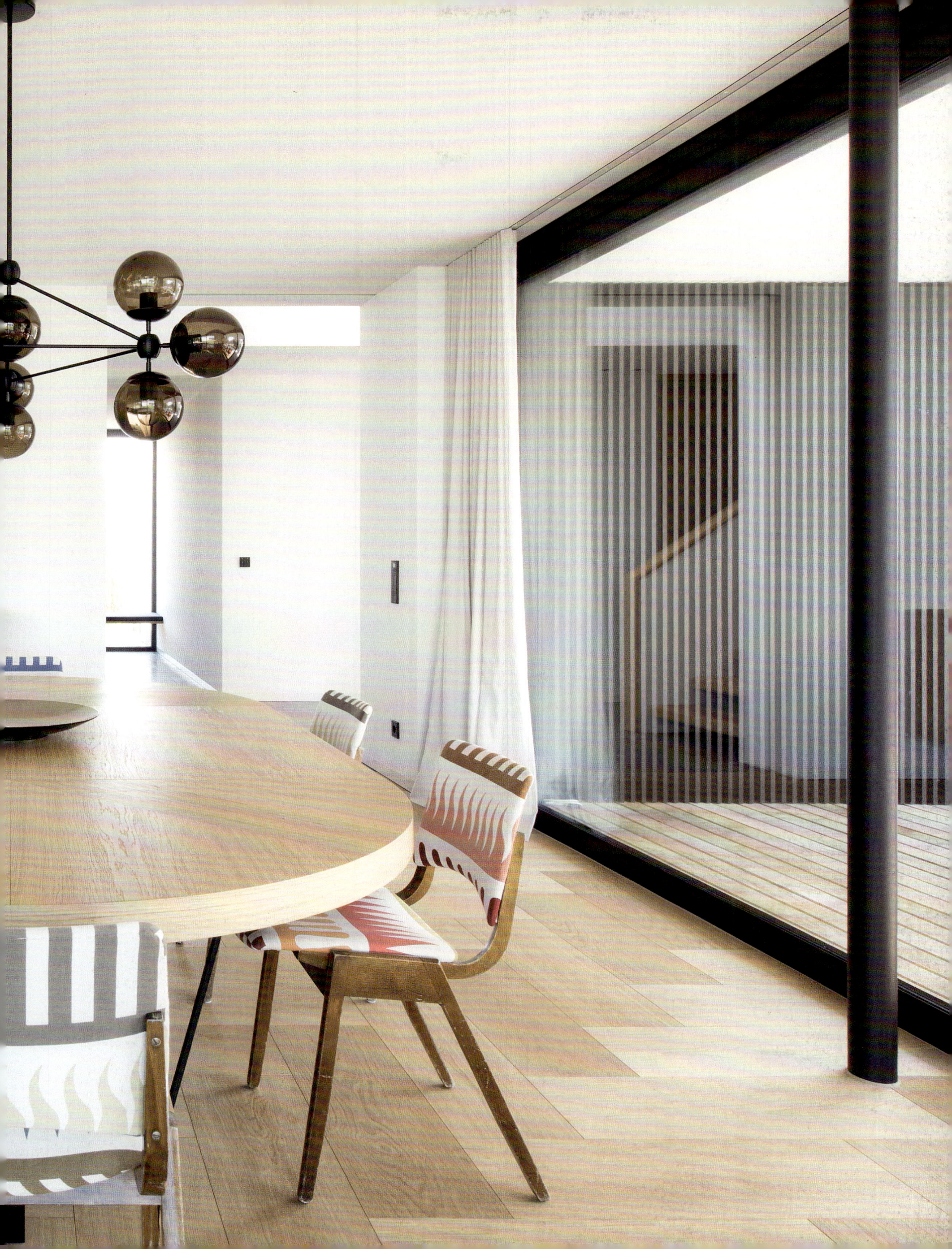

Das Fenster am Ende des oberen Flurs erstreckt sich über seine gesamte Breite und wirkt wie ein lebendiges Gemälde. In einer Nische ist eine „Spielstation" für die Kinder untergebracht.
Sessel Dante Goods & Bads

RECHTS Das Entree des Einfamilienhauses ist in aller Stille einladend: In der stoffbespannten Nische ist eine gepolsterte Eichenbank mit Stauraum eingebaut.
Bank Arnold / Werner
Wandbespannung Kvadrat

UNTEN Die Kombination aus weißen Wänden, massiver Eiche und Naturstein schafft sinnliche Modernität. Der Durchgang zur Küche kann durch eine breite Schiebetür geschlossen werden.
Boden Kirchheimer Kalksteinwerke
Einbauleuchten XAL

A

Am kreativsten, verriet Sascha Arnold einmal in einem Interview, sei er beim Sport, im Wasser und auf dem Berg. Relativ weit weg vom Büro also, das er gemeinsam mit Steffen Werner im Münchner Stadtteil Schwabing führt. Freiheitsliebe und Bewegungsdrang sind wahrscheinlich Teil ihres großen Erfolges, das Duo ist mehrfach ausgezeichnet. Zu den Projekten gehören Clubs, Bars und Restaurants, aber auch Werbeagenturen, das Leistungszentrum des FC Bayern, Penthouses und Alpenchalets sowie seit Kurzem der Umbau einer alten Botschaft aus den dreißiger Jahren. Die beiden betreiben in München selbst Bars wie das „Stereo Café" und mit „The Flushing Meadows" sogar ein eigenes Hotel. Beim morgendlichen Cappuccino im ebenfalls eigenen „AW Café" sagt Sascha Arnold: „Wer erfolgreich sein will, braucht Kreativität, Einfühlsamkeit und Organisationstalent."

Zu den Stärken der Inneneinrichter zählt aber auch, dass sie höchste Ansprüche an Materialien und Verarbeitung mit einer guten Portion Lässigkeit kombinieren. Ein gutes Beispiel ist das Einfamilienhaus am Ortsrand von Aichach mit Blick ins Grüne. „Die Eigentümer sind sehr familienorientiert", sagt Sascha Arnold. „Sie haben »

OBEN Das Designersofa mit Pouf macht es sich vor dem breiten Kamin und der großzügigen Fensterfront gemütlich.
Sofa B&B Italia **Beistelltisch** Classicon **Leuchte** Artemide

RECHTS Klare Sache im Badezimmer: Der Waschtisch besteht aus durchgehendem Naturstein, zwei Armaturen teilen sich ein extralanges Becken.
Armaturen Vola

RECHTE SEITE Natürliche Materialien, kluger Stauraum und viel Platz zum Spielen: Hier ist der immerwährende Anspruch ans Kinderzimmer rundum gelungen.
Schreibtisch Arnold / Werner

> "Dem Entree sollte mehr Aufmerksamkeit gewidmet werden. Es ist immerhin das Erste und Letzte, was der Gast wahrnimmt."

SASCHA ARNOLD & STEFFEN WERNER
ARNOLD / WERNER

Details
EINFAMILIENHAUS

Anzahl der Bewohner:
4 Personen

Wohnfläche:
310 qm

Gesamtwohnfläche:
380 qm

Fertigstellung:
09/2016

---

großes Interesse an Design und Architektur – und einen entsprechend guten Geschmack." Die Familie beauftragte das Duo mit dem gesamten Innenausbau, inklusiver aller Oberflächen, was besonders in Küche und Bad zum Ausdruck kam. Das Gebäude aus Beton, Glas und Stahl ließ den Planern innen viel Gestaltungsfreiraum: 380 Quadratmeter auf zwei Etagen, verteilt auf Wohn-, Ess- und Arbeitszimmer, vier Schlafräume, zwei Bäder und ein Gäste-WC. „Wir haben versucht, die sehr reduzierte Architektur mit warmen, wertigen Materialien zu brechen." Die Böden sind aus geölter Eiche und Kirchheimer Muschelkalk, die Möbel teils selbst entworfen. „Sehr gelungen ist der Esstisch aus Eiche. Er ist ausziehbar, dann finden bis zu zwölf Personen an ihm Platz." Die sinnliche Natürlichkeit setzt das Duo in den Materialien fort, so sind die Nischen im Entree und im Flur teils gepolstert und mit dunklen Stoffen bezogen. Sascha Arnolds erster Gedanke zu diesem Projekt war simpel: „Da kann man was Schönes draus machen." Übung gelungen!

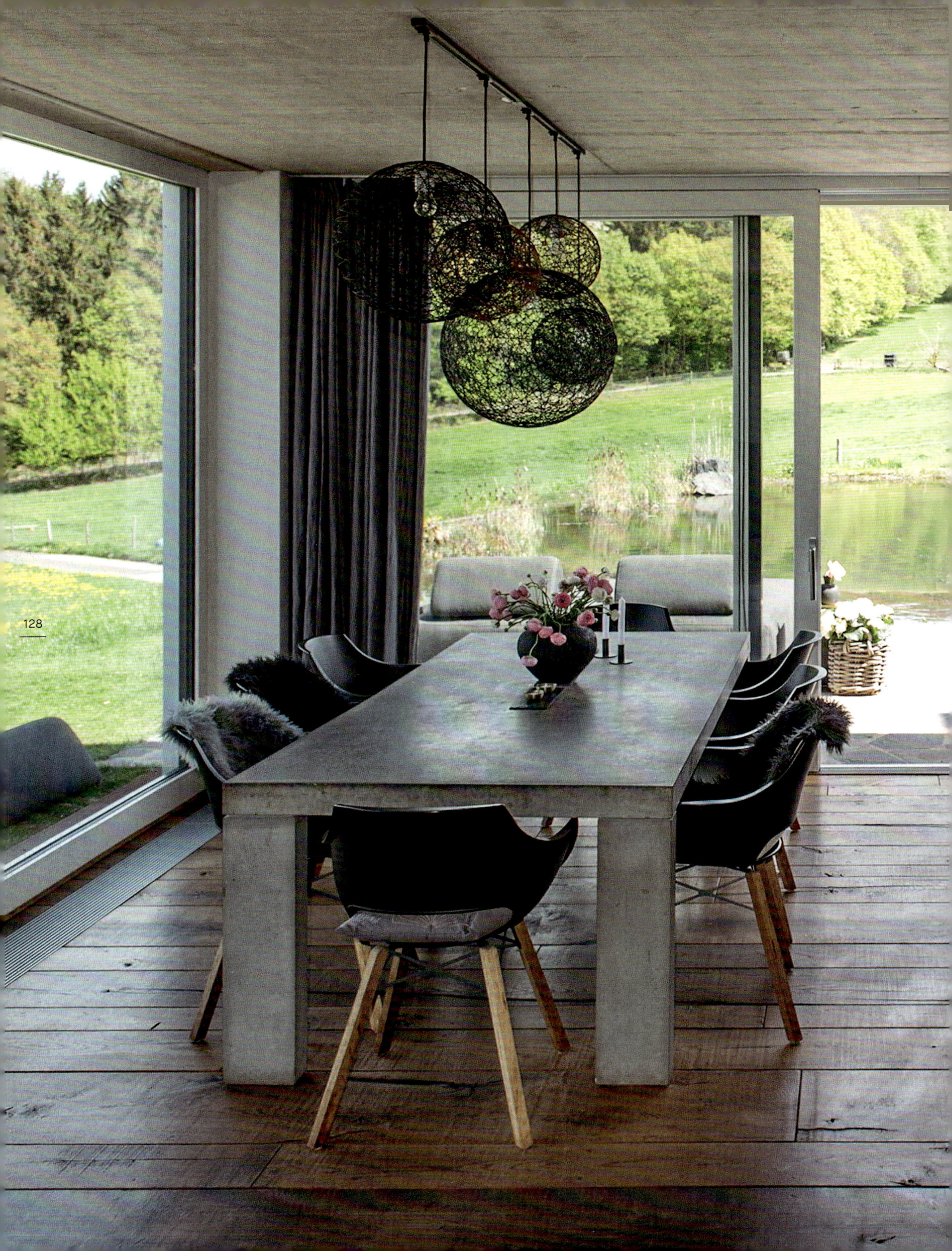

Offen wie ein Pavillon: Die Fensterfronten öffnen den Blick auf Wiesen und Koppeln. Die Familie speist am Betontisch, er nimmt das Material der Decke auf.
Esstisch & Stühle Muubs **Gardinen** Eiting Räume **Hängeleuchten** Dawanda

Wohnkokon mit Herzenswärme

JONICO
// BAD MÜNSTEREIFEL

OBEN Neben einem sechs Tonnen schweren Naturstein entspannt es sich besonders gut. Auf dem eigens angefertigten Sofabett hat die ganze Familie Platz – inklusive Hund Mexx.
Sofabett Jonico **Sessel** Vitra **Teppich** Hay **Pouf, Kissen & Tagesdecke** Muubs **Beistelltisch** Broste

RECHTE SEITE Mustergültig: Die grauen Strick-Accessoires verstehen sich bestens mit dem jahrhundertealten Eichenboden.
Bett Jonico **Teppich** Hay **Wollkissen** Bloom **Bettwäsche** Broste

A

Am Anfang war die Feuerstelle. Sechs Tonnen Naturstein landeten per Kran an dem Platz, der bald das Wohnzimmer werden sollte. Noch bevor die Wände ihres Hauses standen, hatte sich Nicole Johag diesen Monolith als Basis für den Kamin eingebildet. Heute stellt der Solitär, eingefasst von lehmverputzten Wänden, Decken aus Sichtbeton und riesigen Fensterfronten, das Zentrum der 205 Quadratmeter Wohnfläche dar. Auf dem Boden liegen Eichendielen, die 200 Jahre alt sind: „Das Holz musste erst den richtigen Trocknungsgrad erreichen, damit es verlegt werden konnte", sagt Nicole Johag. „Das war eine Herausforderung für unseren Schreiner, die er wunderbar gemeistert hat."

Das Zuhause der gelernten Bauzeichnerin steht auf einem 1,5 Hektar großen Grundstück in der Eifel, umgeben von Wald, Wiesen und Pferdekoppeln. Die Bauherrin wollte der Natur auch drinnen möglichst nahe sein, daher lassen sich die Fenster im Wohnraum komplett aufschieben: „So wird der Garten im Sommer zum zusätzlichen Zimmer." Mit der schwarzen Kücheninsel und den dunklen Wänden im Bad setzt sie Kontrapunkte zum sonst lichtdurchfluteten Gebäude. „Ich mag die Kombination aus urig und ausdrucksstark." Die Türen ihrer Ankleide gleiten über ein rustikales Schienensystem, die Schlafkoje im Kinderzimmer ist mit einem Holzparavent im Vintagestil abgeschirmt.

Neben dem Familiensitz hat Nicole Johag ein Ferienapartment eingerichtet, auf überschaubaren 50 Quadratmetern: „Auf das Konzept bin ich besonders stolz", gesteht sie. „Groß kann jeder." Im „N8 Quartier" wiederholt sie den Stil des Familiendomizils: Das kuschelige Sofa duckt sich vor die beleuchtete Natursteinwand, grobe Teppiche, Felle und der alte Holzboden schaffen einen Spannungsbogen zur klaren Küchenzeile mit Betonplatte und dem modernen Grundriss.

„Bei meiner Arbeit achte ich darauf, was der Kunde braucht, um sich entspannen zu können. Was erfreut sein Auge – und was kann er sich leisten?" Sie skizziert alles mit Stiften, am liebsten barfuß und bei Musik. Ihren Traum vom Wohnen? Hat sie schon verwirklicht: „ Ich will nirgends anders hin." Sie schaut ihren Kindern von der Küche aus beim Reiten zu, zählt die Rehe und Regenbögen und sagt: „Das Haus bin ganz ich."

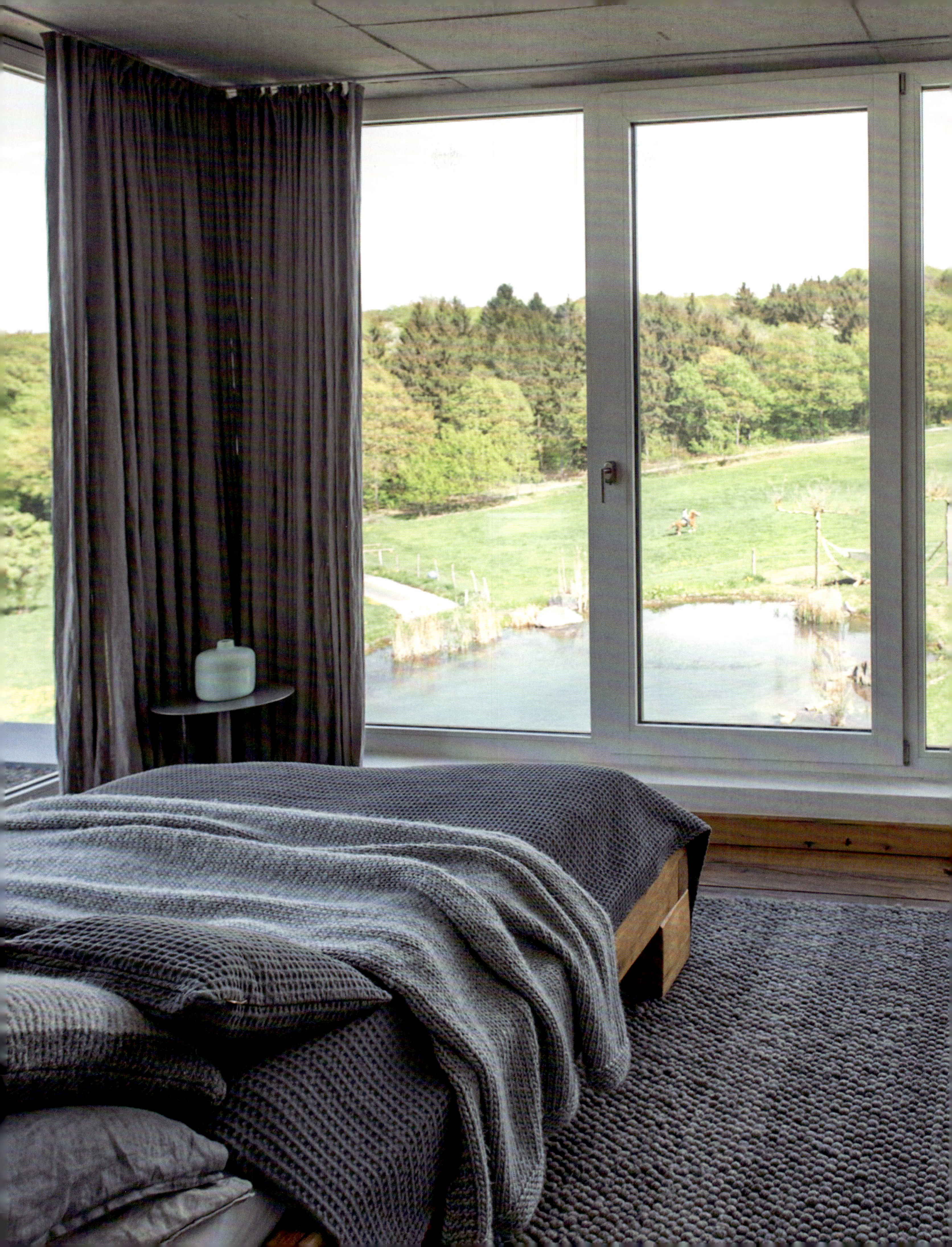

OBEN Die rustikalen Oberflächen von Wand und Boden stehen in belebendem Kontrast zum puristischen Waschtisch.
Waschbecken Duravit
Armatur Dornbracht
Hocker Rare House Köln

RECHTS OBEN Industrial Style im Jugendzimmer: Palettenbett, Lederpouf und ein zum Tisch umfunktioniertes Fundstück aus einer Fabrik.
Graffiti Jonico

RECHTS Raum zum Ausbreiten: In den Sommermonaten wird die große Terrasse zum zweiten Wohnzimmer.
Gartenmöbel Ikono

"Bei jedem neuen Auftrag überlege ich während des ersten Besuchs intuitiv, was hervorgehoben werden sollte."

NICOLE JOHAG
JONICO

Details
WOHNHAUS UND N8 QUARTIER

Anzahl der Bewohner:
5 Personen

Wohnfläche:
255 qm

Gesamtwohnfläche:
255 qm

Fertigstellung:
2017

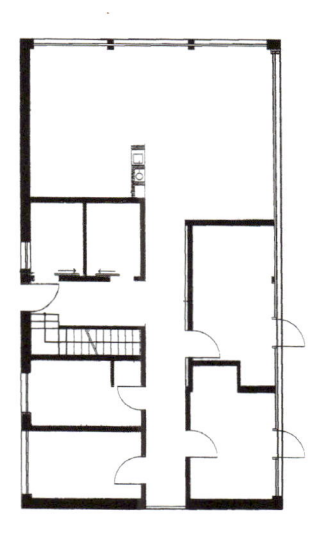

Flexible Lebensbühne mit Esprit

AAG LOEBNERSCHÄFERWEBER
// HEIDELBERG

Elegant Wohnen, Feiern, Arbeiten und Schlafen: Die neue Aufteilung des Apartments erfüllt alle Ansprüche. Die großen Schiebetür-Elemente schaffen bei Bedarf genug Privatsphäre.
Esstisch Blindow Möbel
Stühle Vitra **Armatur** KWC
Einbaugeräte Miele

Das edle Schrankbett ist eine Sonderanfertigung und scheint zu schweben. Sind gerade weniger Familienmitglieder in der Stadt, bleibt es eingeklappt.
Lichtschiene SLV
Kleiderschrank Rimadesio
Leseleuchten Steng

RECHTS In den Sichtestrich im Wohn- und Essbereich ist ein „Teppich" aus Eichenparkett eingelassen – verlegt im klassischen Fischgrätmuster.
Sofa & Tisch Walter Knoll **Sessel** Vitra **Regal & Holzwürfel** Blindow Möbel

UNTEN Alle Einbauten sind so geplant, dass selbst kleinste Ecken noch Stauraum bieten. Effekt: Das Apartment wirkt immer aufgeräumt.
Kleiderschrank Rimadesio

W

Wie schafft es ein Architekt, dass ihm der Kunde verrät, was er möchte? „Indem er nicht danach fragt", antwortet Armin Schäfer lapidar. Dem Architekten des Heidelberger Büros LoebnerSchäferWeber fällt es trotz dieser Zurückhaltung leicht, seine Ideen zu vermitteln und mit den Vorstellungen der Kunden zu vereinbaren. Im Apartment in der vornehmen Weststadt sollten Wohnen, Feiern, Arbeiten und Schlafen für fünf Personen auf relativ wenig Raum möglich gemacht werden. „Die Auftraggeber haben drei erwachsene Kinder, die alle in unterschiedlichen Städten studieren. Die Familie wünschte sich einen Ort, wo alle entspannt zusammenkommen können." Schnell war klar, dass die klassische Raumaufteilung hier nicht funktioniert. Stattdessen fügte das Architektenteam raumhohe Einbauten ein, ein System aus Schiebetür-Elementen gliedert die Räume, schenkt freien Durchblick oder Privatsphäre und lässt zum Beispiel den Arbeitsplatz komplett verschwinden. Die Garderobe dagegen wartet säuberlich sortiert hinter raumhohen Glastüren.

»

OBEN Magische Orte: Das von hinten beleuchtete Büro mit Regalen und Schreibtisch verschwindet hinter einer Tür, das Bett zieht sich in den Schrank zurück.
Sekretär, Regal, Holzwürfel Blindow Möbel **Hocker** Menu **Polstersitz** Walter Knoll **Leseleuchte** Steng

So entstand aus der Dreizimmerwohnung eine elegante Spielfläche, die immer wieder unterschiedlich genutzt wird: Der Salon ist mal Lesezimmer, mal Büro oder Raum für Gäste. Herausragendes Detail des Apartments sind die beiden Doppelbetten, die bündig in den Einbauwänden verschwinden: „Sie sollten schnell und einfach klappbar sein und dennoch guten Schlafkomfort ermöglichen", sagt Armin Schäfer. Eine Bodenstütze hätte die reduzierte Optik gestört, also entwickelte das Team die elegante schwebende Variante.

Der Familien-Rückzugsort beruhigt das Auge mit exklusiven Oberflächen aus hellem und dunklem Holz und Aluminium. Die Böden bestehen aus samtig schimmerndem Sichtestrich mit verschiedenen Einlagen: Im Flur liegt ein „Teppich" aus Fliesen, im Wohn-Ess-Bereich, der sich zum Süden hin öffnet, ein im Fischgrätmuster verlegtes Eichenparkett. Diese Anmutung nennt Armin Schäfer „gediegene Urbanität". Woher die Inspiration kommt? „Der Alltag schult den Blick für das Schöne." Und das Gespür für Effektivität. Denn jeder einzelne der 117 Quadratmeter ist optimal genutzt.

"Der beste Moment? Wenn der Bauherr den Eindruck gewinnt, er hätte alle Ideen selbst gehabt."

STEFAN LOEBNER, ARMIN SCHÄFER & STEPHAN WEBER
AAG LOEBNERSCHÄFERWEBER

Details
DREIZIMMERWOHNUNG

Anzahl der Bewohner:
2-5 Personen

Wohnfläche:
117 qm

Gesamtwohnfläche:
163 qm

Fertigstellung:
12/2017

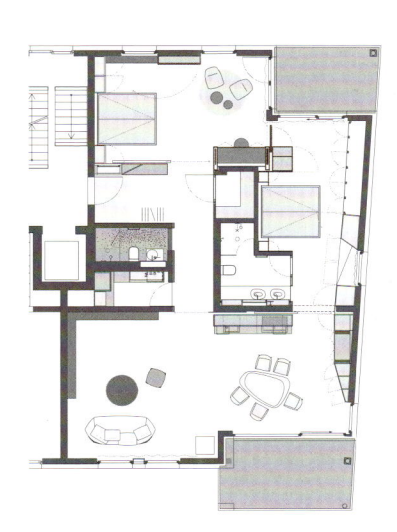

Offen für ein neues Leben

—

DESIGN IN ARCHITEKTUR
// DARMSTADT

Mit der Zeit gehen: Dass dies ein Haus aus den Fünfzigern ist, erkennt man nur noch an vorsichtigen Stil-Zitaten wie dem „Eames House Bird" auf dem Kamin.
Esstisch Hay **Stühle** Vitra **Barhocker** Atelier Haussmann **Leuchten** Muuto

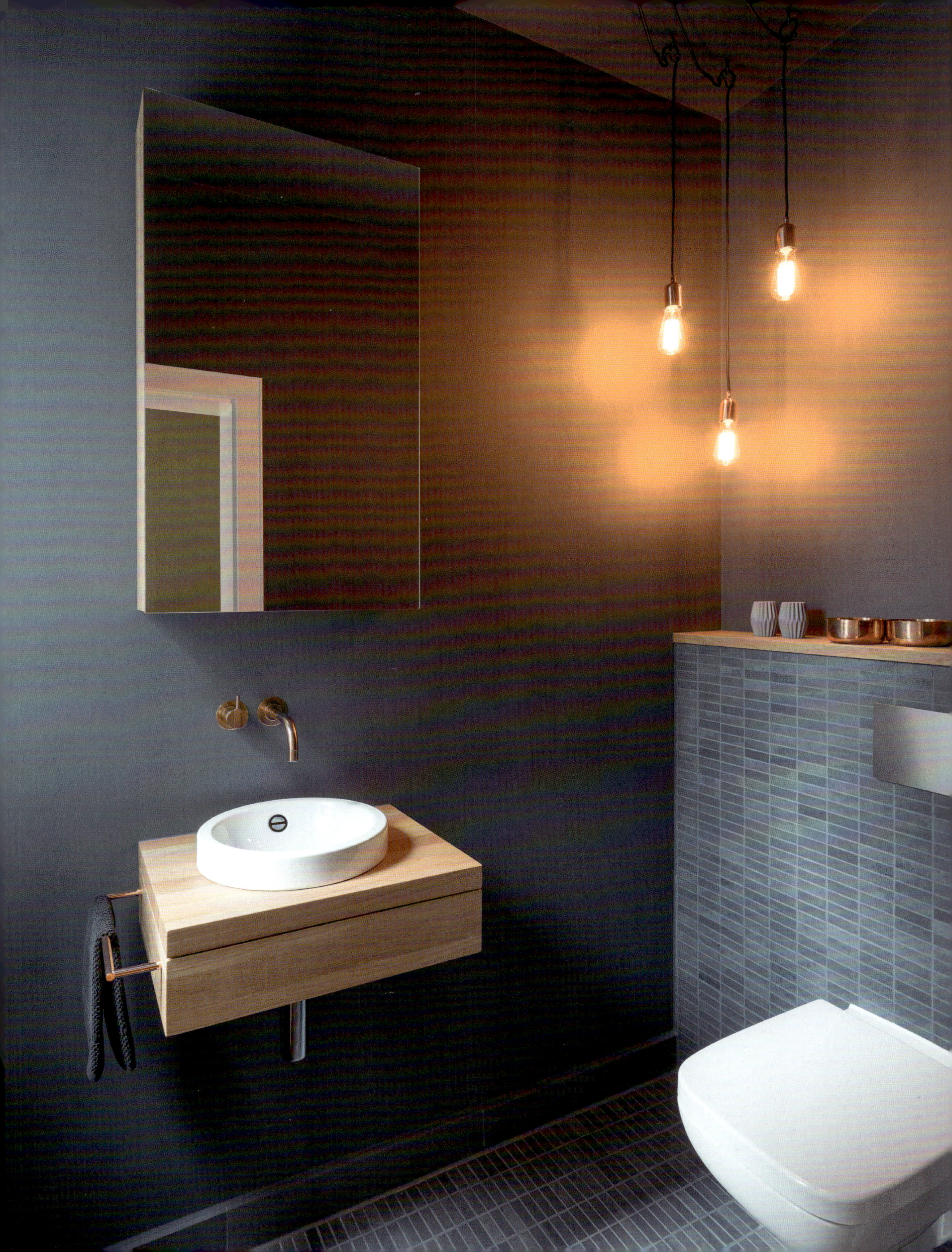

BEST OF INTERIOR 2018 Design in Architektur PROJEKTE

G

Großer Garten, alter Baumbestand, Vogelgezwitscher. Ingo Haerlin stand in dem Darmstädter Einfamilienhaus aus den fünfziger Jahren und dachte: „Schönes Gebäude mit großem Potenzial. Aber die Grundrisse müssten geöffnet werden." Sanierungen sind für jeden Architekten eine Herausforderung. Ingo Haerlin weiß das, er selbst hat sein Büro in einem alten Ladengeschäft in der Innenstadt. „Viele Dinge zeigen sich erst im Laufe des Umbaus", sagt er. „Trotzdem muss man sich natürlich so gut wie möglich an den Zeitplan halten." Die Familie mit zwei kleinen Kindern wünschte sich für ihr Zuhause einen großzügigen, modernen Grundriss mit offener Wohnküche. Zugleich sollten typische Elemente der Nachkriegsepoche bestehen bleiben. „Wir haben zum Beispiel die Heizkörperverkleidungen restauriert, einzelne Wände nachgebaut und einen Großteil der alten Fensterbänke erhalten."

Ingo Haerlin ist ausgebildeter Schreiner, er schätzt das Handwerk und fängt deshalb auch immer zuerst mit Skizzenrolle und Stift an, bevor er sich zur Ausgestaltung an den Computer setzt. „Wir haben Mauern eingerissen und dadurch einen fließenden Grundriss hinbekommen." Dazu gehörte Maßarbeit bis ins Detail: Die Fensteröffnungen wurden vergrößert, neue Fenster eingesetzt, als Sitzfläche für den offenen Kamin ließ der Innenarchitekt eine eigene Betonsteinplatte anfertigen. „Mir gefällt es besonders, wenn ich mit Firmen zusammenarbeite, auf die ich mich verlassen kann. Einfach, weil nach Jahren ein Vertrauensverhältnis besteht." Auch die Türen aus Holz und Glas sind individuelle Schreinerarbeiten, die Wände im Obergeschoss sind dagegen aus Gipskarton erstellt: „Um bei einer möglichen Aufstockung die Kinderzimmer vergrößern zu können."

Am besten gefällt Ingo Haerlin das Fischgrätparkett aus geölter Eiche, das durch die diagonale Verlegung den Wohnraum optisch weitet. Zugleich ist diese aufwendige Verlegeart eine Reminiszenz an die Entstehungszeit des Einfamilienhauses. „Gute bauliche Details brauchen ihre Zeit", sagt der Designer. Am liebsten kombiniert er in seinen Entwürfen Elemente, die er auch für sich selbst verbauen würde. Auf die richtige Chemie kommt es ohnehin an: „Da das Konzept ganz eng zusammen mit den Bauherren entwickelt wurde, fühlen sie sich hier sehr wohl."

OBEN Vergrößerte Fenster, moderne Möbel und ein frisches Farbkonzept machen die 50er-Jahre-Architektur fit für die Gegenwart.

Sessel & Chaise Longue Norr **Stehleuchte** Louis Poulsen **Beistelltisch** Hay **Lautsprecher** B&O

LINKS Die Gästetoilette überrascht mit puristischer Ausstattung und dramatisch tiefem Farbton. Die Details aus Kupfer strahlen vor dieser Kulisse besonders intensiv.

Hängeleuchten NUD Collection **Armatur** Vola **Fliesen** Mosa **WC** Keramag

Deckenstrahler, Pendelleuchte, Stehlampe: Im Wohn- und Essbereich sammelt die Familie Lichtblicke.
Hängeleuchte Louis Poulsen **Tisch** Hay **Stühle** Vitra **Stehleuchte** Cairo

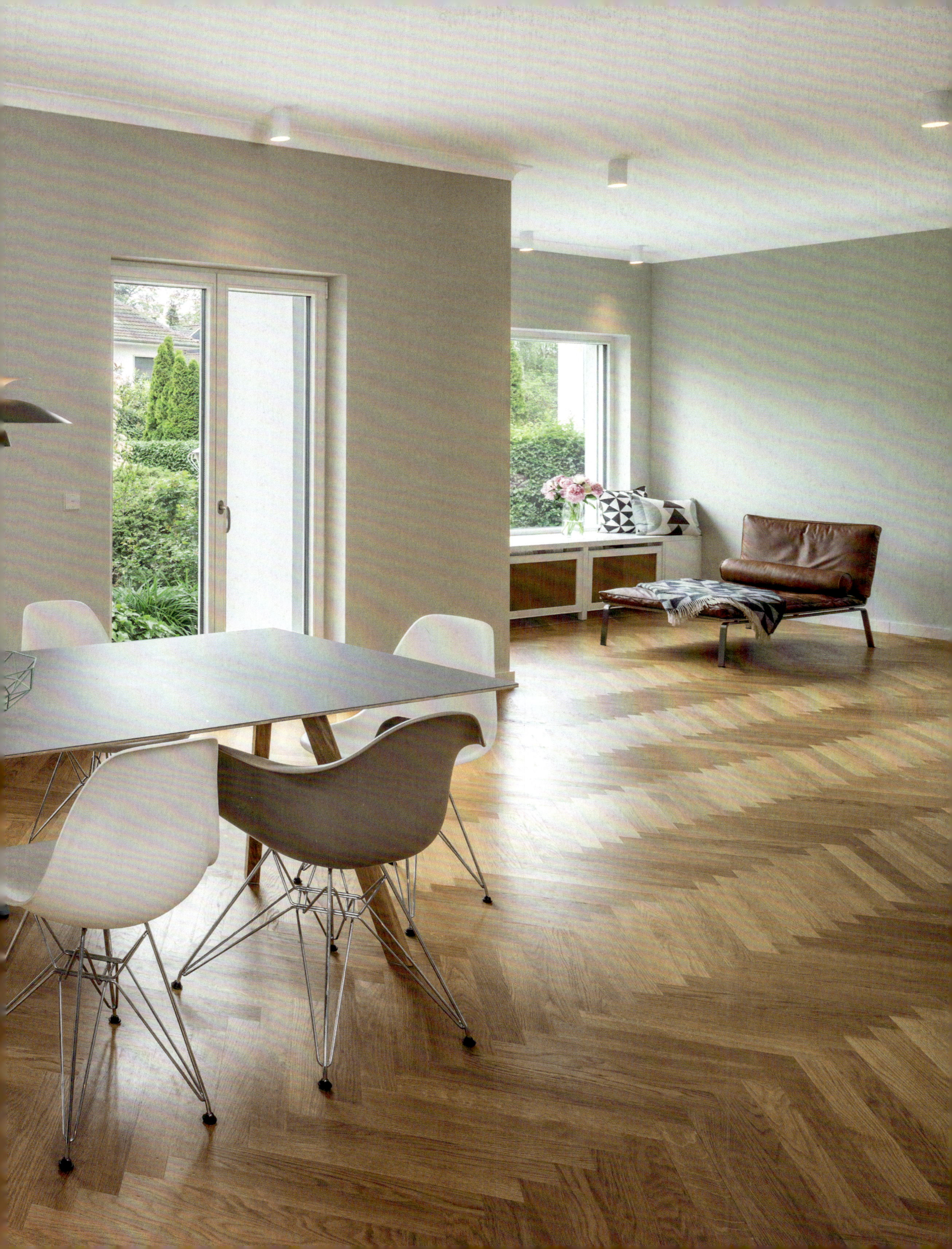

OBEN Die anthrazitfarbenen Fliesen geben dem Badezimmer Struktur. Helles Holz und abgetönte Wände schenken Wärme.
Fliesen Mosa **Deckenspot** Delta Light **Armatur** Steinberg **Wanne** Kaldewei

RECHTS OBEN Der Flur schult mit offenen Eichenregalen den Ordnungssinn. Das Fischgratparkett lenkt den Blick zur Küche.
Hängeleuchten Muuto

RECHTS Das Wohnzimmer ist im Anbau untergebracht. Die Wand in Petrol verträgt sich gut mit dem Eichenparkett.
Regal String **Sofa** Rolf Benz **Stehleuchte** Artemide

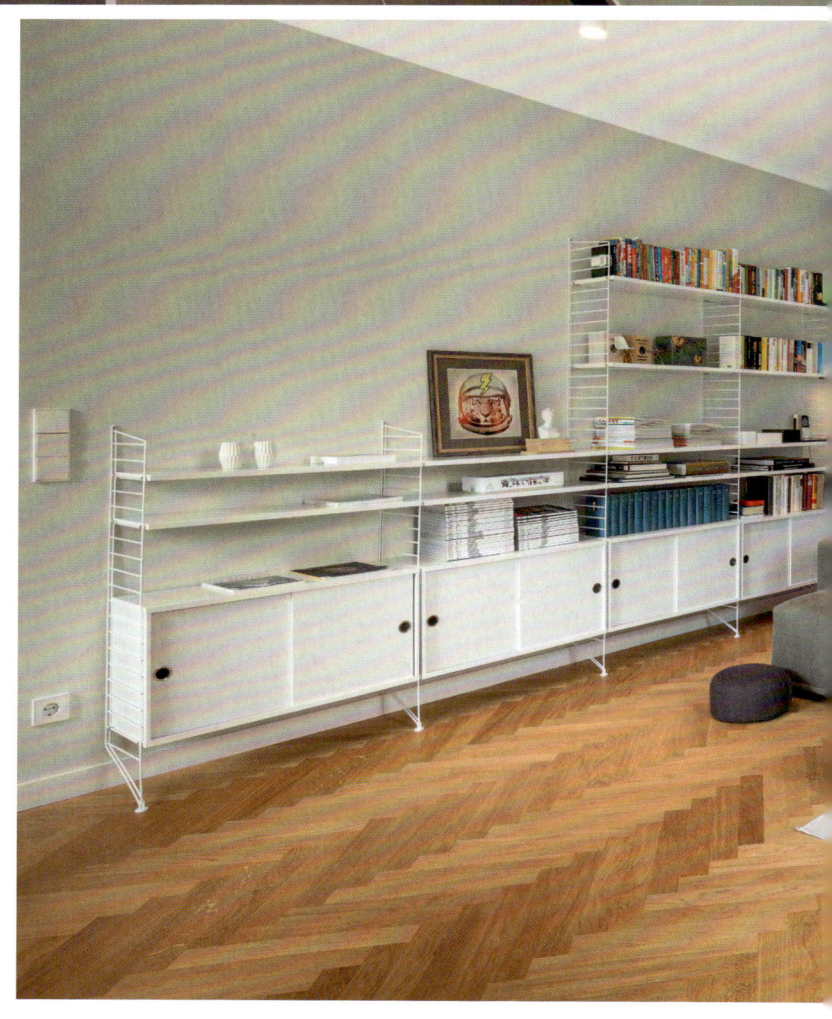

BEST OF INTERIOR 2018 — Design in Architektur — PROJEKTE

"Gelungene Gestaltung sollte sich immer an drei Elementen orientieren: Farbe, Material und Licht."

INGO HAERLIN
DESIGN IN ARCHITEKTUR

Details
EINFAMILIENHAUS

Anzahl der Bewohner:
4 Personen

Wohnfläche:
200 qm

Gesamtfläche:
836 qm

Fertigstellung:
03/2016

Ein neues Interior ist gelungen, wenn sich Dinge aus Familienbesitz einfügen. Die Tischplatte aus Lärche stammt aus dem Bestand des Hausherren, der Perserteppich auch.

Ledersessel Freifrau
Hängeleuchte Pouenat

Das Haus der Harmonie

HENRIKE BECKER
// LÜBECK

LINKS Das Herrenhaus im Münsterland wurde um 1880 erbaut. Die Wohnung im Erdgeschoss bekam durch den Umbau einen eigenen standesgemäßen Eingang geschenkt.

UNTEN Die antiken Flügeltüren unterstreichen die zeitlose Eleganz der Architektur. Eine Tapete mit Mohnblumen im Maxiformat holt die Natur in artifizieller Form nach drinnen und nimmt die dezente Farbwelt des Interieurs auf.

Tapete Wall & Deco

M

Manchmal genügt Henrike Becker ein winziges Detail, und der Funke springt über. In diesem Fall: die alte Malerei im Gästebad. Die Wände des Münsterländer Herrenhauses von 1880 waren in die Jahre gekommen, man erkannte erst auf den zweiten Blick und unter einigen Schichten die ursprünglichen Farben des Bildes. Darunter ein zartes Hellblau. Henrike Becker ließ die Malerei als Bordüre bestehen und nahm den Farbton in einigen Räumen der Erdgeschosswohnung mehrfach subtil auf: mit dem Sideboard in der Küche, in den Leinenvorhängen, im Teppich. Bevor so ein Farbton allerdings in das Apartment ihrer Auftraggeber findet, läuft sie in ihrem Büro dutzendfach an ihm vorbei: „Ich platziere meine Materialcollagen immer auf Wandhaltern und betrachte sie vom Schreibtisch aus, am Morgen, am Abend, bei Tages- und Kunstlicht." So schafft sie es, rundum ausgewogene Wohnbilder zu realisieren, in denen man sich auf Anhieb wohlfühlt.

„Es ging mir auch darum, in dem historischen Landgut moderne Innenarchitektur zu etablieren", sagt sie. Also brachte sie Originale sinnvoll im neuen Umfeld unter. Die ursprünglichen »

Typisch für Münsterländer Höfe: ein großer Raum mit Kamin. Nach dem Umbau betritt man die Wohnung durch das Esszimmer und genießt einen freien Blick bis in die Küche.
Hängeleuchte Flos

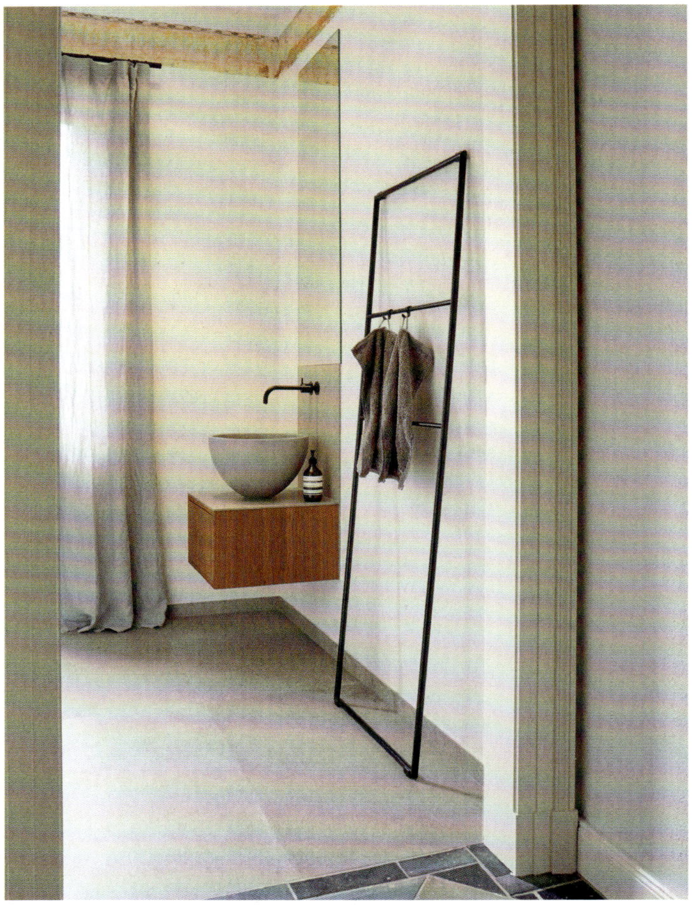
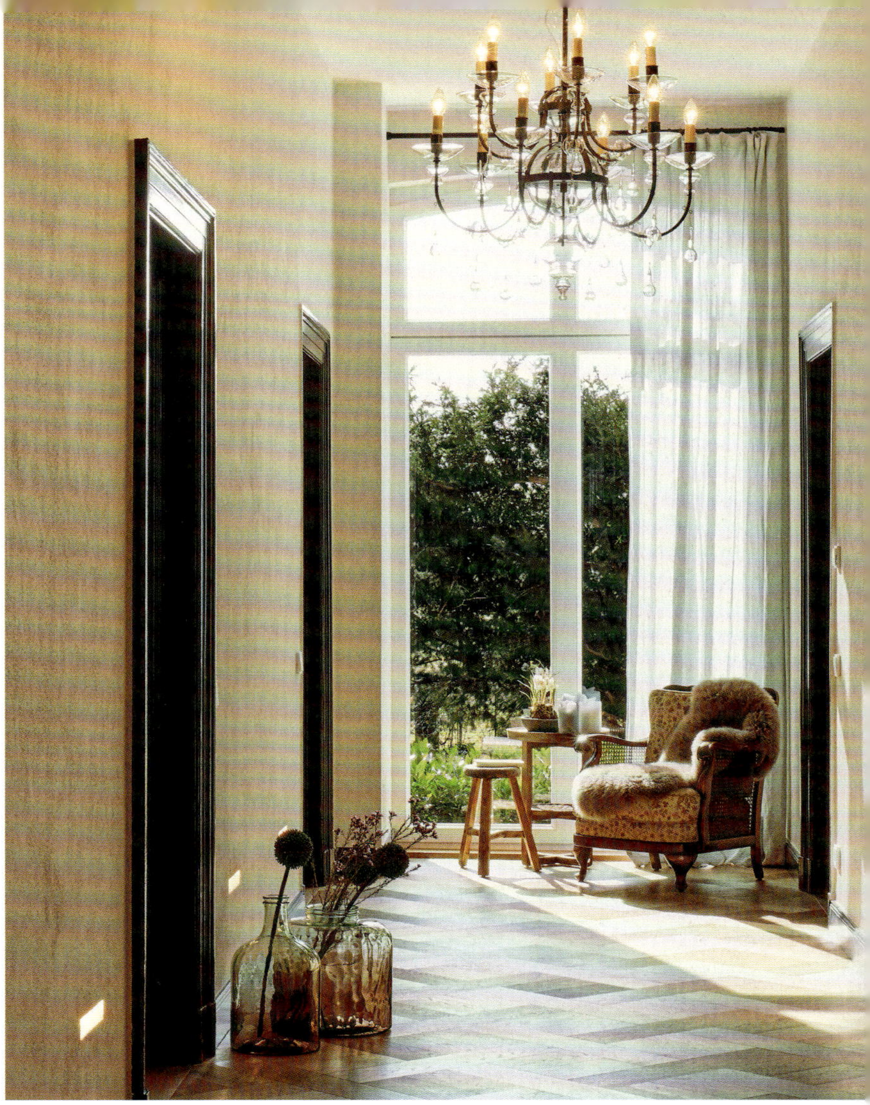

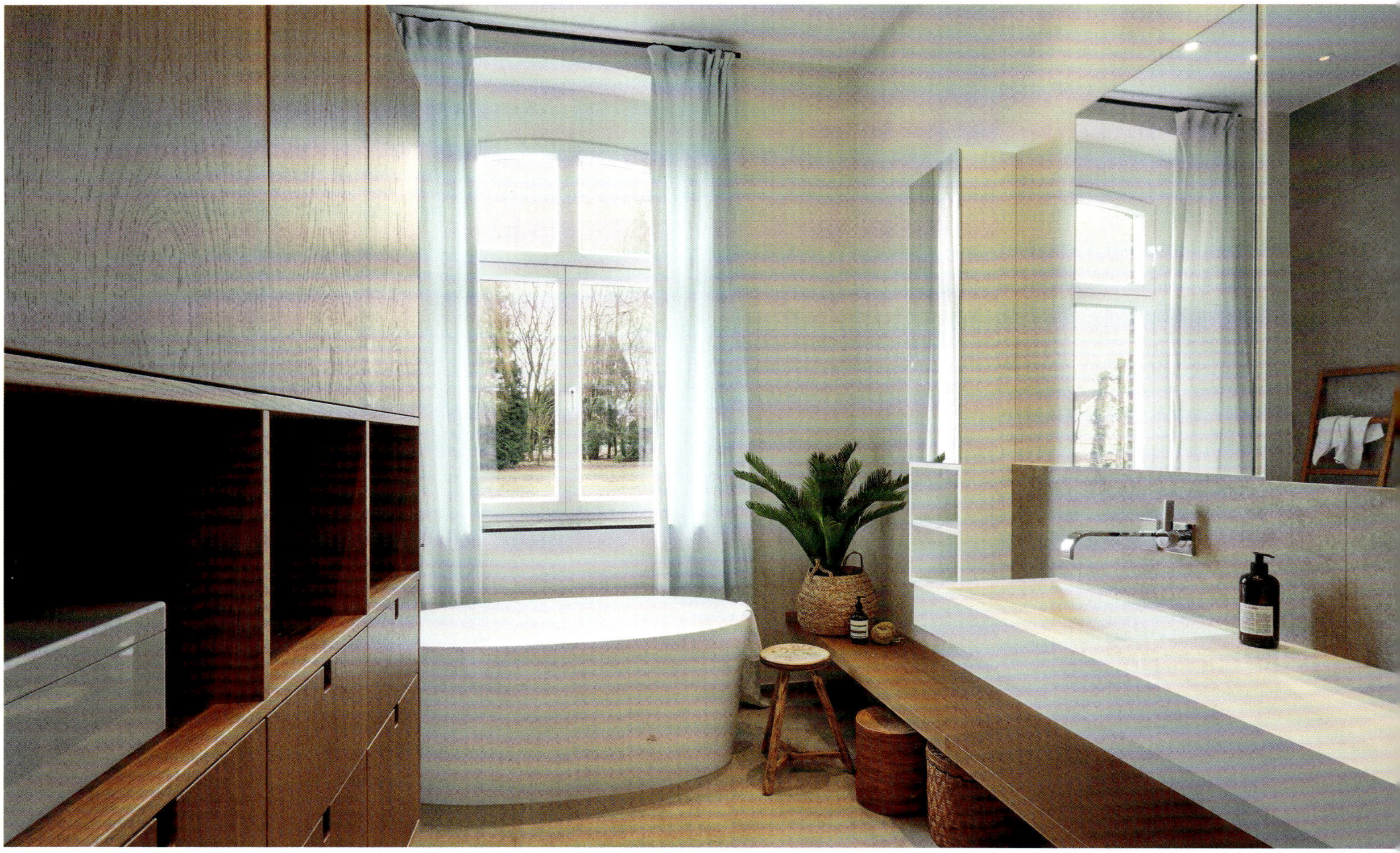

GANZ LINKS Ahnenforschung: Nur die Bordüre an der Decke des Gäste-WCs erinnert noch an die Vergangenheit. Den Waschtisch fertigte ein Tischler an.
Waschbecken Domovari
Armatur Vola

LINKS Geschlämmte Wände und Parkett in Vienna-Verlegung machen den lichtdurchfluteten Flur wohnlich.
Lüster Lambert **Boden** Parkett Dietrich

UNTEN Borde und Regale sind Tischleranfertigungen, unter den Feinsteinzeugfliesen liegt die Fußbodenheizung.
Waschtisch Domovari
Wanne Victoria & Albert
Armaturen Dornbracht

"Ich wollte Altes erhalten und Geschichte erzählen lassen. Und ohne Anbiederung den Bogen zu moderner Einrichtung spannen."

HENRIKE BECKER

Details
HERRENHAUS

Anzahl der Bewohner:
2 Personen

Wohnfläche:
190 qm

Gesamtwohnfläche:
217 qm

Fertigstellung:
01/2018

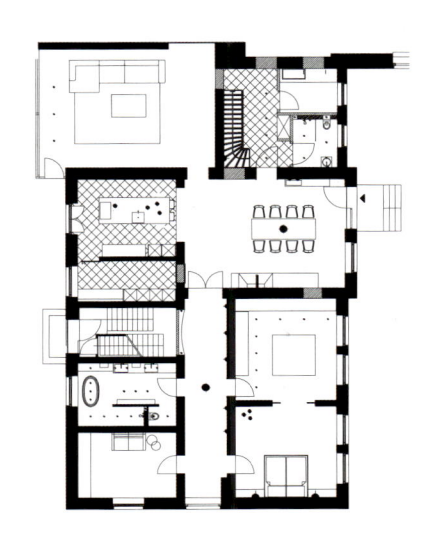

Türen ließ sie aufarbeiten, matt schwarz lackieren und in neue Öffnungen einpassen. Auch die alten Zementbodenfliesen wurden ausgebaut, repariert und in Küche und Teilen des Flures neu verlegt. „Kurios war, dass die Fliesen einfach nur auf Sand lagen. Heute ist die ganze Etage mit einer Bodenplatte und Fußbodenheizung ausgestattet." Zeitgemäßer Komfort und gelebte Tradition gehen eine harmonische Verbindung ein, das Interieur auf den 190 Quadratmetern strahlt Großzügigkeit, Ruhe und gleichzeitig Gastfreundschaft aus. Sideboards, Esstisch, Badschränke und Garderobe sind individuelle Tischleranfertigungen, der Tisch steht auf einem alten Perserteppich aus dem Erbe des Bauherrn. Der war hier als Kind oft bei den Großeltern zu Besuch und fühlt sich dem Ort und seiner Geschichte deshalb besonders verbunden. Kurz vor dem Umbau entdeckte er im Garten überwucherte, großformatige Kalksteinplatten. Henrike Becker ließ daraus eine vier Meter lange Sitzbank fertigen und neben den Kamin einbauen. Vieles hat hier durch ihre Arbeit endlich seinen standesgemäßen Platz gefunden.

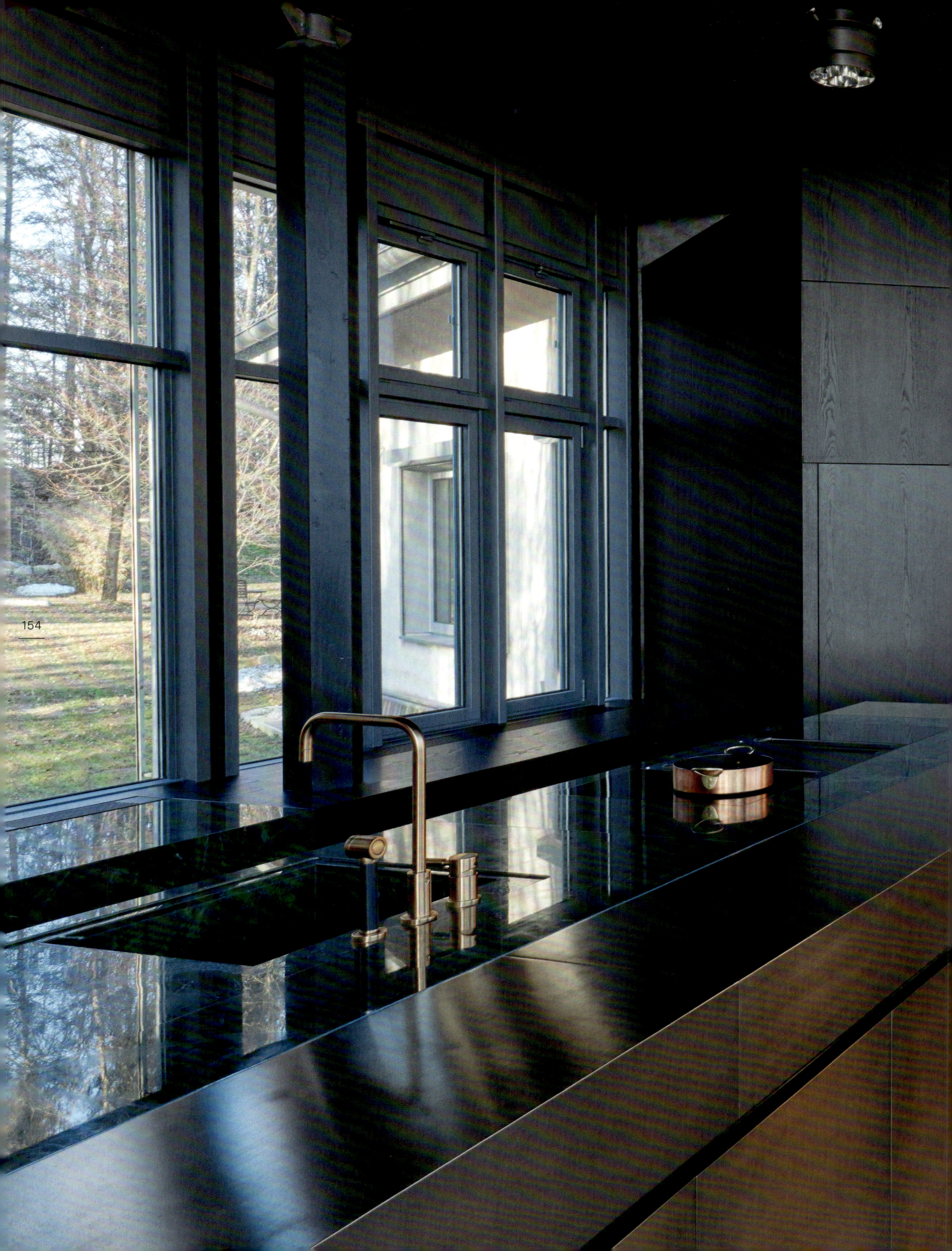

Die schwarze Paneelwand schluckt sämtliche Küchenutensilien, die für 13 Personen angeschafft wurden. Die integrierten Türen führen in jeweils andere Räume des Generationenhauses.
Armatur Dornbracht

Genusszentrum für jedes Alter

HOLZRAUSCH
// MÜNCHEN

OBEN Für die Ewigkeit: Im zentralen Kochblock ist ein Waschbecken aus dem stabilen wie robusten Granit Vitoria Regia integriert.
Kochfeld Bora **Armatur** Dornbracht

RECHTE SEITE Der geräucherte Eichenboden und Wände mit Zementspachtelung schenken dem Raum eine sinnliche Basis. Die Kücheninsel selbst besteht aus brüniertem Tomback, einer kupferhaltigen Messinglegierung.

W „Wenn du ein Schiff bauen willst, dann trommle nicht Männer zusammen, um Holz zu beschaffen […], sondern lehre sie die Sehnsucht nach dem weiten, endlosen Meer." Nach diesem Credo von Antoine de Saint-Exupéry führen Tobias Petri und Sven Petzold alle Mitarbeiter in ihrem Planungsbüro in der Münchner Innenstadt. Die beiden Männer verbindet seit Jahrzehnten eine enge Freundschaft, das gemeinsame Handwerk stand schon früh im Mittelpunkt, 1998 bezogen sie ihre erste Schreinerei, um dort ihre reduzierten Entwürfe aus eigener Hand zu fertigen. Ob ihr Büro heute Luxusküchen oder Villen am Tegernsee, Schulen oder Pop-up-Stores gestaltet: „Die Qualität unserer Lösungen soll nicht erklärungsbedürftig sein", sagt Tobias Petri.

Immer ist die Formensprache des Duos minimalistisch, die Funktionalität ihrer Einbauten und Küchen intelligent gedacht. Im bayerischen Voralpenland betreuen sie ein Projekt, das gesellschaftlich besonders aktuell ist: Ein ehemaliges Seminargebäude wurde zum Mehrgenerationenhaus für 13 Bewohner umgebaut. „Der einstige Seminarraum bildet das neue Zentrum, den Treffpunkt für alle Familienmitglieder." Daraus ist ein Wohnraum mit einem kolossalen Küchenblock entstanden, durch speziell angefertigte Paneelwände mit integrierten Türen abgetrennt vom übrigen Gebäude. „Die größte Herausforderung war, Wohnlichkeit herzustellen", sagt Tobias Petri. „Wir haben es geschafft, ein Ambiente zu kreieren, das den Seminarraum nicht mehr erahnen lässt." Auf 100 Quadratmetern verlegten die Interior Designer geräucherte Eiche und verspachtelten die Wände mit Zement.

Ein Meisterstück ist der Küchenblock aus brüniertem Tomback, einer kupferhaltigen Messinglegierung, die mit den Spuren der Zeit immer schöner wird. „Der natürliche Alterungsprozess der verwendeten Werkstoffe gilt bei uns als besonderes Merkmal. An ihm lässt sich noch nach Jahren die Qualität erkennen." So wirkt das Projekt am Ende offen, großzügig und gelassen und ist damit ein genauer Spiegel seiner Bewohner.

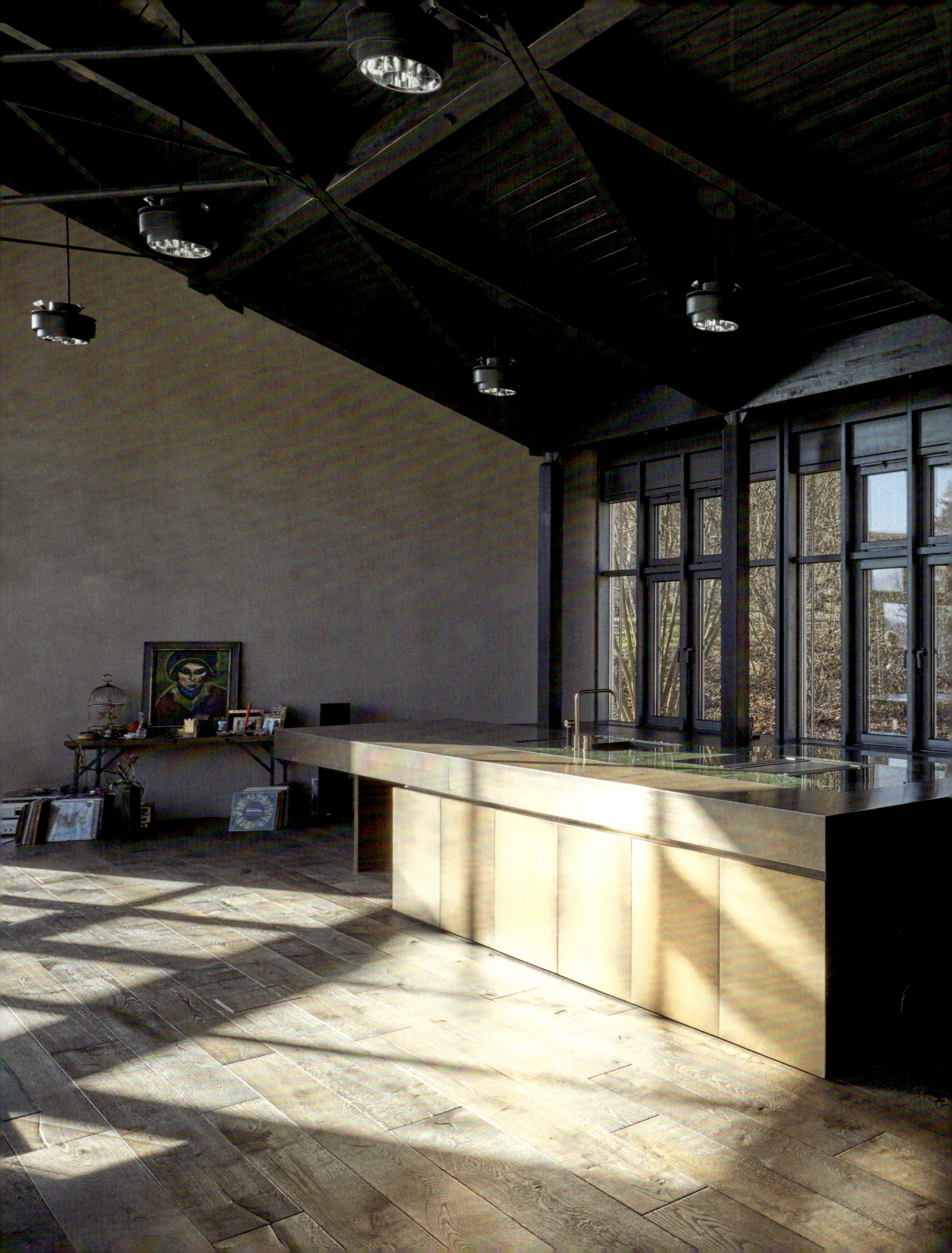

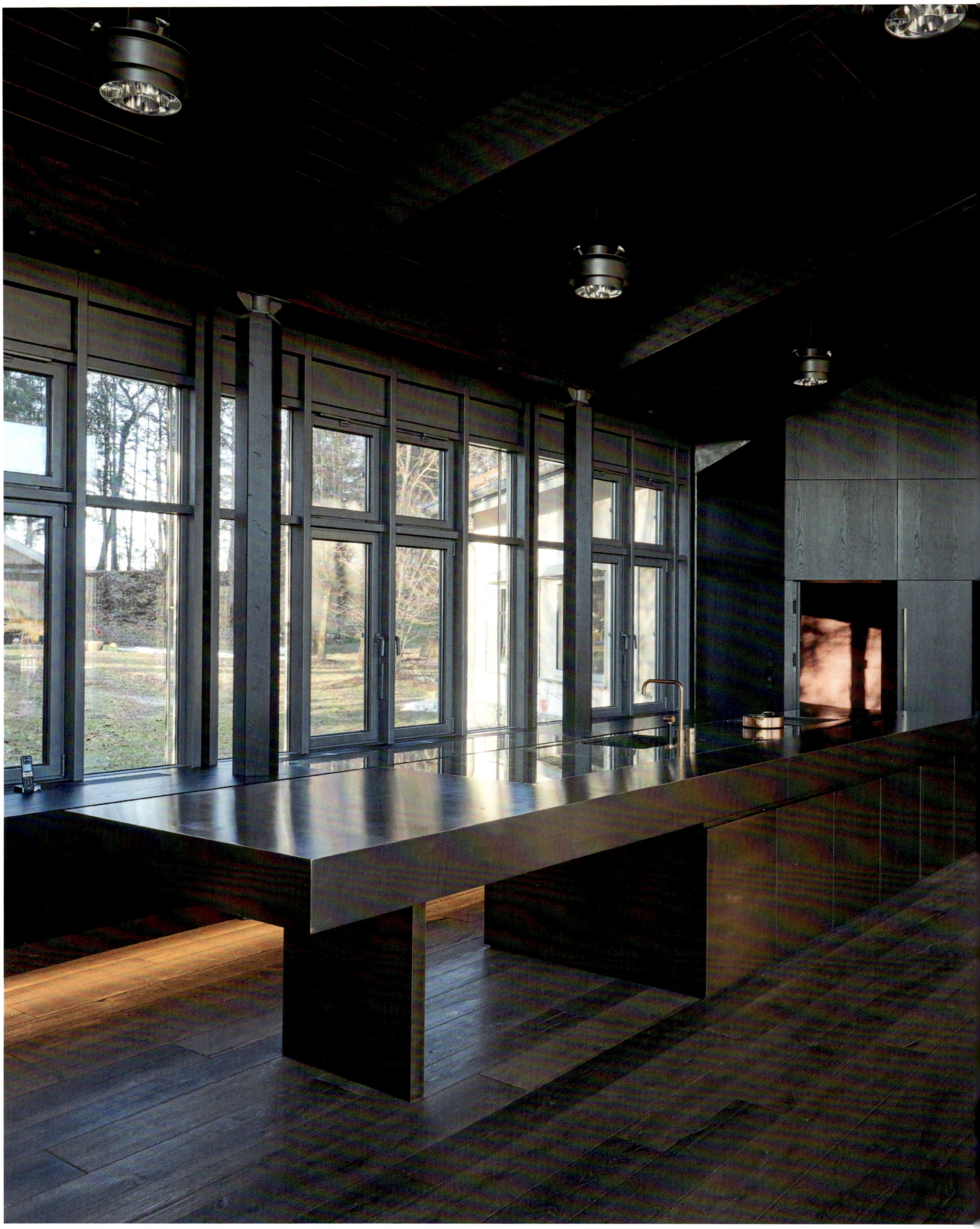

Ein von unten beleuchtetes Sideboard läuft an der gesamten Fensterfront entlang. Exklusive Details sind hier Standard: So sind die Besteckeinsätze in den Schubladen rot lackiert.
Backofen Gaggenau

"Die Reduktion auf das Essenzielle wird niemals nur ein kurzlebiger Trend sein."

TOBIAS PETRI & SVEN PETZOLD
HOLZRAUSCH

Details
GENERATIONENHAUS

Anzahl der Bewohner:
13 Personen

Wohnfläche:
100 qm

Gesamtwohnfläche:
650 qm

Fertigstellung:
06/2016

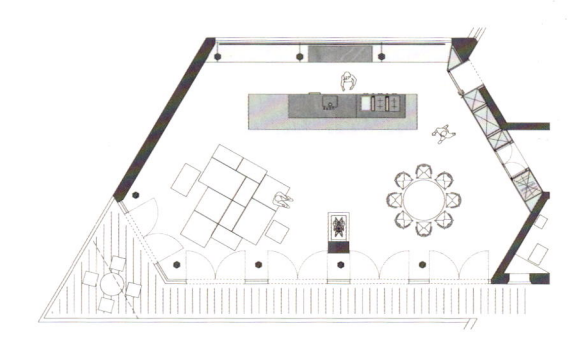

Behaglich, sachlich, gut

—

EMMA B. HOME
// HAMBURG

Gegossener Steinboden, Sichtbeton und graue Wände: Die sachliche Basis verlangt nach warmen Materialien als Gegenspieler, hier Teakholz und Leder.
Tisch & Stühle Fritz Hansen **Couchtisch** Hay **Stehleuchte** Ikea **Plaid** Urbanara **Hängeleuchte** Nachtfalter

Das abgetrennte Schlafzimmer ist mit dunklen Wänden und Einbauten behaglich wie eine Höhle. Die grob gestrickten Textilien tragen zur stilvollen Nachtruhe bei.
Bettwäsche C&C Milano
Überwurf Urbanara
Wandfarbe Farrow & Ball

RECHTS Die Lounge ist ein Ableger des Wohnzimmers. Der kleine Raum bringt Homeoffice, Gästebett und Fernsehecke unter einen Hut.
Regal Bo Concept **Kissen** Emma B Home, Rohleder **Beistelltisch** Hay

UNTEN Auf dem glänzenden Steinboden des Lofts laden Designklassiker aus lasiertem Escheholz zur reduzierten Tafelrunde. Bedient wird vom frei stehendem Küchenblock aus.
Esstisch & Stühle Fritz Hansen **Leuchte** Nachtfalter **Küche** Bulthaup

W

Wer Emma Brunckhorst in ihrem Hamburger Showroom besucht, wird über kurz oder lang an einem Schmuckstück Platz nehmen: „Mein Schreibtisch steht für das, was meine Arbeit ausmacht: die Liebe zu gutem Design, ein Auge für Qualität und Langlebigkeit", sagt die Interior Designerin. Es ist ein zwei Meter langer, massiver Vorstandstisch aus Palisander, gut 50 Jahre alt. Ein Vintage-Schatz, den sie aus einem Keller gerettet hat. Darauf eine Fülle an Plänen, Stoffmuster, ein Zollstock, ein Foto ihrer Familie und ein Füller in Neon-Orange, mit dem sie ihre Verträge unterschreibt. Gerade arbeitet sie an der Umgestaltung eines Wasserschlosses in Norddeutschland: „Jedes Bohrloch ist ein Abenteuer."

Die Inspiration für das Apartment in Berlin-Mitte, das sie für einen Geschäftsmann ausstattete, waren die New Yorker Lofts der achtziger Jahre. „Ich wollte stilistisch schlicht bleiben und Lebensqualität schaffen. Besonders wichtig waren dem Kunden die hochwertigen Einbauten." Die Wohnung wird über eine Agentur mittelfristig möbliert vermietet, der Eigentümer sieht »

Junggesellentraum: zwei Barhocker und ein imposanter Kühlschrank mit Doppeltüren. Er ist in die Einbauwand integriert, die bis zum Schlafzimmer führt.
Küche Bulthaup **Elektrogeräte** Gaggenau **Barhocker** Freifrau **Vase** Lungby

das Objekt als Investment, das Interieur sollte also gleichzeitig modern und stilvoll, praktisch und robust sein. Ein gegossener Steinboden verbindet alle Bereiche und verleiht einen einheitlichen Look. „Er ist pflegeleicht und verträgt sich bestens mit der Fußbodenheizung." Die Küche mit Kochinsel gestaltete Emma Brunckhorst als Mittelpunkt der Wohnung. Der Kühlschrank mit Doppeltür ist in die Schrankwand eingelassen, die eine Begrenzung zu Bad und Schlafraum bildet.

Das Schlafzimmer ist der einzige Raum, der durch eine Tür vom Rest des Apartments abgetrennt werden kann. Für diese Ruhezone wählte die Interior Designerin eine dunkle Wandfarbe, die mit den Einbauten verschmilzt. In der Fernseh-Lounge brachte sie ein Regal mit verschlossenem Stauraum und ein Sofa unter, das sich zum Gästebett ausziehen lässt. Dafür ist der Wohnbereich mit Vintagesofa, Rattanstuhl und Lederteppich weitläufiger gestaltet. Im Sommer werden die breiten Türen zum Balkon ganz zur Seite geschoben: „So wird der Wohnraum zu einer riesigen Terrasse." Schlichte Formen, warme Materialien, viel Platz: „Das Interieur ist lässig, minimalistisch und männlich", sagt Emma Brunckhorst. „Ziemlich eindeutig, dass das Loft der Traum eines jeden Junggesellen ist."

"Kreativität bedeutet immer erst einmal Chaos. Mein Job ist es, Klarheit ins Chaos zu bringen."

EMMA BRUNCKHORST
EMMA B. HOME

Details
LOFT BERLIN MITTE

Anzahl der Bewohner:
1 Person

Wohnfläche:
85 qm

Gesamtwohnfläche:
90 qm

Fertigstellung:
04/2017

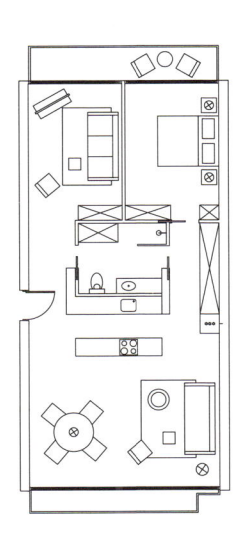

Naturnah: Der Essplatz im Reihenendhaus rückt an die Glasfront des Wintergartens. Die Rückwand der Sitzbank ist schon Teil des offenen Wohnzimmers.

Tisch Rodam **Bank** Uppenkamp **Stühle** Vitra **Sitzauflage** Hey Sign **Wandleuchte** Tobias Grau **Wandfarbe** Brillux

Aus der Enge in die Weite

ESTHER STROHECKER
// MÜNSTER

OBEN Das Schlafzimmer nimmt die Hälfte des Grundrisses im Obergeschoss ein. Dadurch ist im Ankleidebereich Platz für einen geräumigen Schubladenblock.
Schranksystem Raumplus **Schubladenblock** Uppenkamp **Parkett** Joka

RECHTE SEITE Die behagliche Koje neben dem Schlafzimmer ist für Ruhephasen zwischendurch gedacht. Sie kann auch als Büro genutzt werden.
Stuhl Vitra **Deckenleuchte** Tobias Grau **Wandleuchte** Artemide

V

Vor Kurzem hat Esther Strohecker ihr Büro ausgemistet. „Am nächsten Morgen war ich von dem schönen Anblick berührt. Ein glücklicher Moment", sagt die Münsteranerin. Räume und Gebäude aufräumen, gliedern, ordnen – das gehört zum Handwerkszeug jedes Innenarchitekten. Genauso wichtig ist aber der Blick für Einzelheiten: „Ich finde zum Beispiel, Sockelleisten hätten mehr Aufmerksamkeit verdient." Das Kleine im Großen zu schätzen und zu bewahren, diesem Anspruch folgt sie in all ihren Aufträgen, ob Praxis, Loft-Studio, Universitätsaula, ein Berliner Hotel oder, wie hier, ein schmales Reihenhaus.

„Kleine Räume großzügig wirken zu lassen, ist eine Herausforderung und verlangt Geschick", sagt sie. In diesem Fall galt es, die 165 Quadratmeter Wohnfläche mit möglichst kleinen Eingriffen aufzulockern. Im Erdgeschoss öffnete Esther Strohecker die Küche zum Essbereich hin, schloss sie aber in Richtung Flur. Dafür wurde dort statt der Nische ein Garderobeneinbau angebracht, der Mäntel und Kleinkram hinter weißen Fronten verschwinden lässt. Der Kaminofen im Wohnraum bekam eine Umrahmung aus Bücherregalen. Der Lieblingsraum der Innenarchitektin ist die Schlafkoje in der ersten Etage. Sie entstand aus einem Wunsch der Bauherrin heraus: „Sie leistet viele Nachtdienste, wollte sich aber tagsüber nicht im Schlafzimmer ausruhen." Die gemütliche Nische mit dem schmalen Fenster kann auch als Büro oder Gästezimmer genutzt werden.

„Mit ehrlichen Materialien, klaren Formen und klugen Innenausbauten fährt man immer gut", findet Esther Strohecker. Die Ideen dafür kommen ihr meist gar nicht am Schreibtisch, sondern „wenn ich in Ruhe aus dem Fenster ins Grüne schaue oder morgens im Bett mit einer Tasse Kaffee". Ihre Offenheit im Denken schafft Platz für mutige Ideen. Im Moment wagt sie mit ihrem Mann einen außergewöhnlichen Versuch: „Wir wohnen auf 75 Quadratmetern, komplett in Weiß." Weiß von der Decke bis zum Boden, sogar Badfliesen und Türklinken sind überstrichen. Darauf toben sich farbige Möbelklassiker von Le Corbusier bis Magistretti aus. „Ein interessantes Experiment", sagt sie. Die gelebte Erfahrung daraus fließt ganz bestimmt in ihre nächsten Aufträge ein.

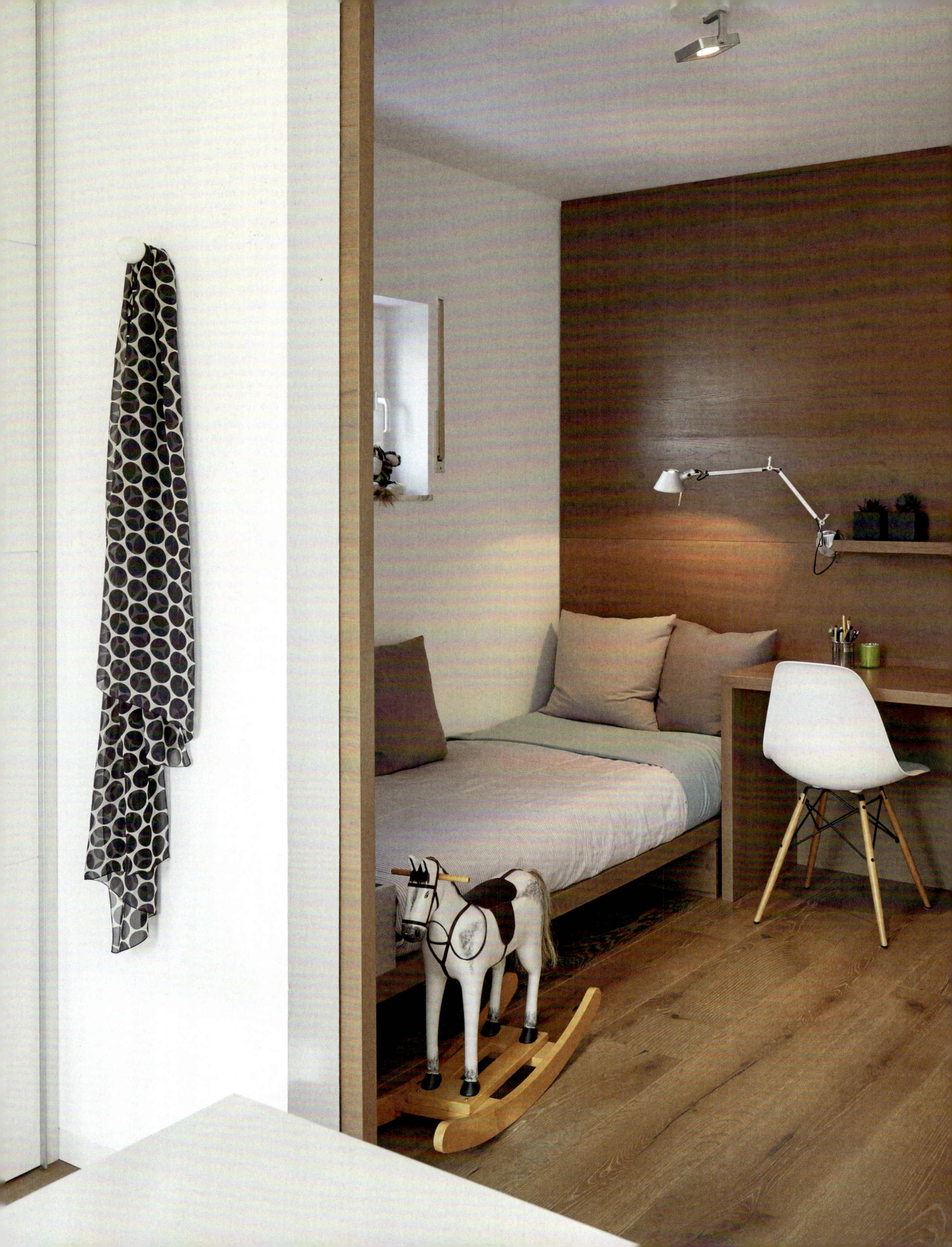

OBEN Das Bad kommt ohne Wanne aus. Es punktet mit großzügiger Dusche und luxuriöser Regenbrause. Die Lichtspur im Spiegel wird von der getönten Glaswand reflektiert.
Spiegelleuchte LED Linear **Armaturen & Brause** Dornbracht **Becken** Duravit

RECHTS OBEN Die ehemalige Türöffnung zur Küche wurde zur Garderobennische umgestaltet. Schiebetüren sparen zusätzlich Platz.
Garderobe Uppenkamp

RECHTS Der bestehende Ofen bekam weiße Einbauten mit offenen Regalen und viel geschlossenem Stauraum zur Seite gestellt.

"Ich liebe meinen Beruf. Und die Möglichkeit, die realisierten Projekte wie Raumskulpturen zu begreifen."

ESTHER STROHECKER

Details
REIHENENDHAUS

Anzahl der Bewohner:
2 Personen

Wohnfläche:
165 qm

Gesamtwohnfläche:
190 qm

Fertigstellung:
2017

Zur Sinfonie verbunden

BLOCHER PARTNERS
// STUTTGART

Die Privatresidenz im Westen Indiens holt sich modernes, italienisches Design vor die Sichtbetonwände. Hochflorteppiche und elegante Hölzer wärmen die gediegene Architektur.

Sofa, Beistelltische, Pouf Minotti **Stehleuchte** Flos **Teppich** Hands Carpet

Der Flur zu den Schlafzimmern besteht aus samtig glänzenden Betonflächen und Holzelementen. Klug gesetzte Lichtschächte und minimalistische Metallstreben ziehen die Ruhe an.

BEST OF INTERIOR 2018 — Blocher Partners — PROJEKTE

RECHTS Klimafreundlich: Die Jalousien aus Teakholz lassen sich verschieben und schützen die Räume vor direkter Sonne.

UNTEN Auch im Gäste-Wohnzimmer der 28-Zimmer-Villa regiert der kühle Purismus. Alle Böden sind aus Marmor und glänzen, als wären sie mit Wasser geflutet.
Schaukelstuhl Kartell **Sofa** Minotti **Teppich** Hands Carpet Designer

F

Für einen Auftrag wie diesen würde mancher Interior Designer seine Seele verkaufen. Eine Privatresidenz mit 1650 Quadratmeter Wohnfläche, 28 Zimmern und praktisch unbegrenztem Budget. Allein die königlichen Dimensionen lassen Rückschlüsse auf das Land zu, in dem Jutta und Dieter Blocher mit ihrem Stuttgarter Architektenteam das Projekt verwirklichen: Ein Unternehmer aus Ahmedabad im Westen Indiens beauftragte das Paar mit Bau und Innenausstattung. „Es sollte ein Haus entstehen, das aus beiden Kulturen, der deutschen und der indischen, das Beste vereint", beschreibt Jutta Blocher das Briefing.

Die Villa in der symmetrisch angelegten Grünanlage mit Wasserläufen und Pool-Landschaft empfängt mit beruhigendem Wasserplätschern. Es stimmt die Gäste ein auf die Stille im ultramodernen Wohnquader aus teils perforiertem Sichtbeton und Teakholzlamellen. Weite und Ruhe setzen sich innen fort: Die sechs Meter hohe Lobby wird gekrönt von modernen Metall-Lüstern, die wie Himmelskörper in unterschiedlichen Höhen von der Decke hängen. Ein handgearbeiteter Teppich grenzt die Sitzinsel ein, breite Türen, Durchgänge und Lamellenvorhänge aus Teakholz dämmen die kathedralen Ausmaße des repräsentativen Raumes. »

OBEN Im Eingangsbereich der Residenz empfangen Holzlamellen und handgeschlagener Sandstein aus Rajastan die Besucher.

RECHTE SEITE Vor den klaren Sichtbetonwänden: zeitgenössische Kunst aus Indien. Die Werke adeln die Räume zur Privatgalerie.
Sofa Walter Knoll

RECHTS Gelungener Kulturaustausch: Die Architekten mischten modernes Design aus Europa mit traditionell indischer Formensprache. Die rote Truhe im Fenster der Lobby stammt aus Delhi.
Sessel & Sofa Walter Knoll
Leuchten Tom Dixon

"Wir freuen uns sehr, dass wir unsere Gestaltungskompetenz in einem fernen kulturellen Umfeld anwenden konnten."

DIETER & JUTTA BLOCHER
BLOCHER PARTNERS

Details
PRIVATRESIDENZ

Anzahl der Bewohner:
6 Personen

Wohnfläche:
1650 qm

Gesamtwohnfläche:
1850 qm

Fertigstellung:
10/2015

Bauliche Details und Möblierung bilden im ganzen Haus eine ausgeglichene Einheit und lassen einander ihre volle Wirkung entfalten. Ob im Familien- oder Gästewohnzimmer, im Büro des Eigentümers oder in den Räumen der beiden Töchter – glänzender Marmorboden trifft auf sinnlichen Sichtbeton oder handgeschlagene Sandsteinmauern aus Rajasthan, indisches Kunsthandwerk geht mit zeitgenössischem italienischem Design eine würdevolle Verbindung ein. „Nur die Küche ist ein rein deutsches Produkt", sagt Jutta Blocher.

Überhaupt setzt das Interieur auf gelungenen Kulturaustausch. „Einen Teil der Einrichtung haben wir selbst entworfen und von indischen Handwerkern herstellen lassen." So entstand ein Objekt, das stille Herrschaftlichkeit ausstrahlt statt opulenten Boolywood-Überschwangs. Ein Haus mit Seele. Geschaffen von einem Team, das seine Seele eben nicht für diesen Auftrag verkauft hat.

Was schafft Behaglichkeit in einem so großen Raum? Zum Beispiel belebte Oberflächen wie Holz und Sichtbeton, warme Wohntöne und mehrere Lichtinseln.
Stühle Vamo Sønderborg
Esstisch Richard Lampert
Fliesen Villeroy & Boch

Minimalismus auf Rezept

STUDIO PLIETSCH
// HAMBURG

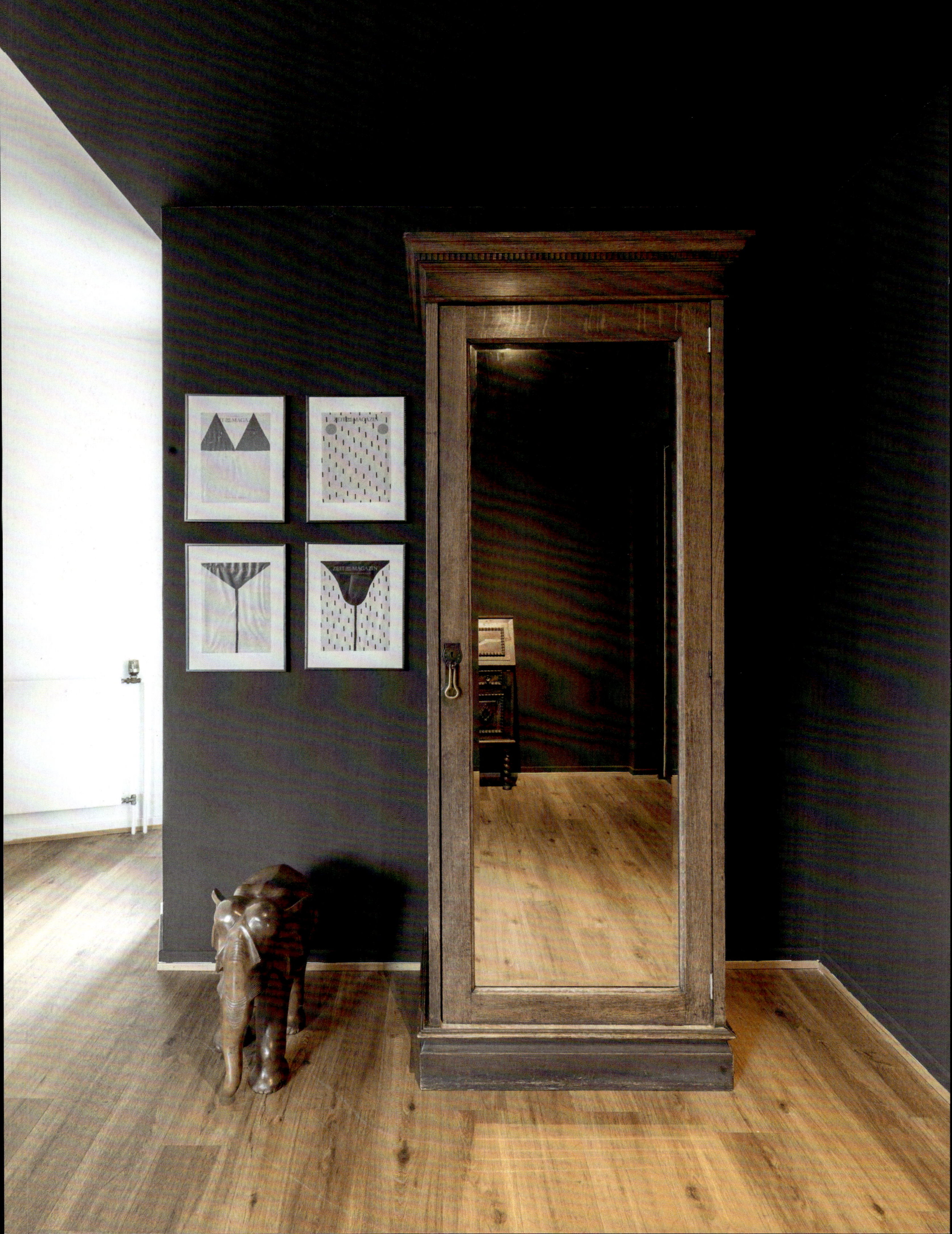

So viel Potenzial – diese drei Worte gingen Clara Zachariassen spontan durch den Kopf, als sie die dunklen Räume der ehemaligen Dialysepraxis nah des Hamburger Uni-Viertels das erste Mal betrat. Trotz des verbauten Grundrisses und der chaotischen Raumfluchten erkannte sie sofort, dass die 142 Quadratmeter in der vierten Etage das passende Zuhause für sie und ihre Familie werden würden. „Wir entfernten zuerst alle überflüssigen Wände und Einbauten", sagt die Inhaberin des Studios Plietsch. Der großzügige Mittelpunkt ihres Apartments wird jetzt verwöhnt mit Licht aus drei Himmelsrichtungen. „Wir wünschten uns vor allem Offenheit. Einen großen Wohnraum, der Kochen, Essen, Arbeiten und Zurücklehnen ermöglicht." Um dieses Zentrum herum reihen sich heute Schlafzimmer, Kinderzimmer, ein Gästeraum und zwei Bäder. Die verschachtelte Struktur erhielt so eine praktische und vollkommen neue Ordnung.

Ein erfreuliches Detail beim Umbau: Die Innenarchitektin entfernte die Wandfliesen in der Küche und legte so überraschend die Betonoberfläche der Außenwand frei. Passend dazu ließ sie einen samtig glänzenden, fugenlosen Spachtelboden gießen und die Leitungen offen in Kupferrohren laufen. Effekt: ein reduzierter Industrielook. Der an drei Seiten gefliese Küchentresen wirkt darin wie ein moderner Monolith und verbindet beide Gebäudefluchten: „Wenn wir hier feiern, dient er uns als Mittelpunkt zwischen Kochen und Wohnen." Damit der große Raum und vor allem die Sofa-Zone dennoch Behaglichkeit ausstrahlen, setzte Clara Zachariassen gekonnt satte Farbakzente und natürliche Eingrenzungen. Der alte Perserteppich aus dem Iran schafft auf dem warmen Eichenholzboden ein Zimmer im Zimmer. Die wenigen Möbel halten sich vor diesem belebten Hintergrund farblich zurück.

„Ich finde es spannend, Räume ihrer ursprünglichen Zuordnung zu entziehen", sagt die Innenarchitektin. „Etwa ein Spa im Bunker, ein Hotel in Marktställen oder ein Restaurant in einer Kirche." Mit ihrem Familienloft in der ehemaligen Praxis hat sie ein perfektes Beispiel geschaffen.

OBEN Nachthimmel: Beim Einschlafen kann man dank blauer Zimmerdecke im Rausch der Tiefe versinken.
Deckenleuchte Flos
Wandfarbe Farrow & Ball

OBEN LINKS Jeder Raum verfolgt sein eigenes Farbkonzept – so steht jede der Antiquitäten im Apartment in der farblich passenden Umgebung.

LINKE SEITE Die Garderobe ist eine Black Box mit verspiegeltem Vintageschrank und erfrischenden Grafikprints.

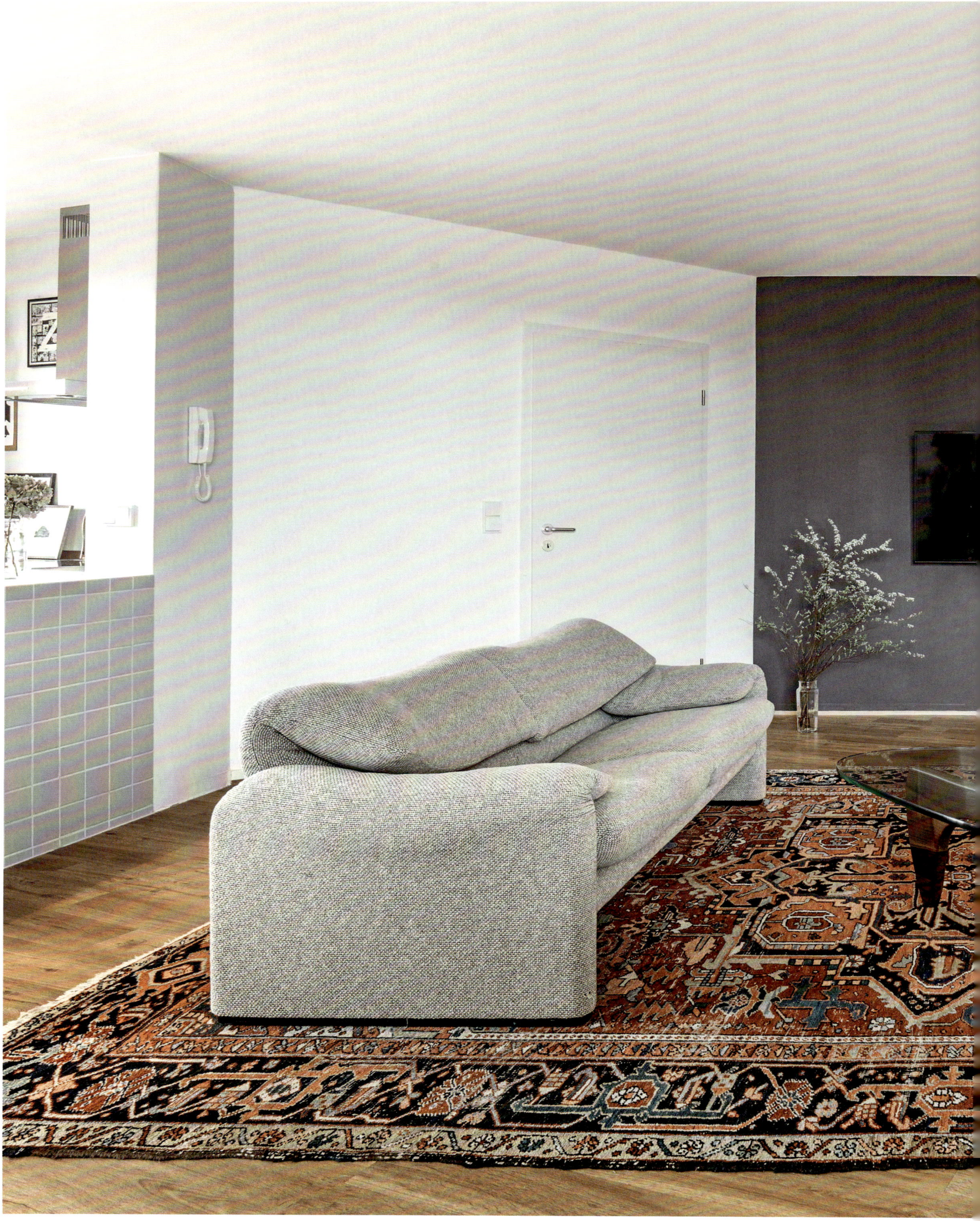

Ein 40 Jahre alter Perserteppich aus dem Iran markiert das wohnliche Zentrum des Apartments. Die dunkle Wand schenkt Tiefe – und tarnt den Fernseher.

Sofa Cassina **Couchtisch** Vitra **Sideboard** USM Haller **Pendelleuchte** Ply **Tischleuchte** Kaiser Idell

"*Mich überzeugt, was echt und ehrlich ist. Eine angemessene Reaktion auf die räumliche Situation.*

CLARA ZACHARIASSEN
STUDIO PLIETSCH

Details
APARTMENT

Anzahl der Bewohner:
3 Personen

Wohnfläche:
135 qm

Gesamtwohnfläche:
142 qm

Fertigstellung:
04/2016

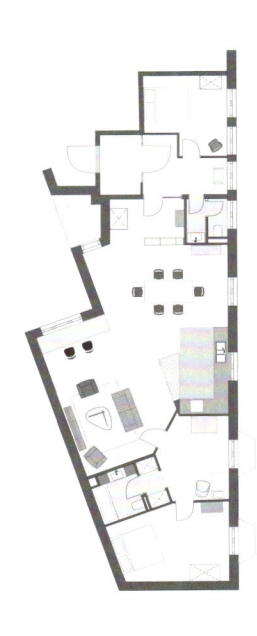

Gekonnt geplant: In der raumhohen Schrankwand verschwinden Einbaugeräte und Geschirr. Die Spüle rückt in die Schräge, dank Gaube kann man dort aufrecht stehen.

Küche Nordwald **Elektrogeräte** Miele **Wandbild** Lumas

Lauter Spitzenideen

SILVIA DECKE
// MÜNCHEN

LINKS Der Übergang vom Flur ins Wohnzimmer ist durch einen Vorhang sanft abgetrennt. Der Sesselklassiker in Rot setzt einen markanten Farbakzent.
Sessel Fritz Hansen
Beistelltisch Classicon

UNTEN Der Kochplatz macht sich schlank: Er kommt in einer Mauernische unter. Die gespachtelten Wände in Betonoptik sind bewusst matt gehalten, die transparente Schicht ist abwaschbar.
Ceranfeld Miele
Obstkorb Alessi

D

Das Modell des Ferienhauses im Maßstab 1 : 50 hat einen Ehrenplatz in Silvia Deckes Büro. Nächtelang hatte sie als Studentin die empfindlichen Holzstäbchen zusammengefügt, das Modell bei Umzügen gehütet wie ihren Augapfel. „Es liegt mir sehr am Herzen", erklärt sie. „Und wenn ich es betrachte, erkenne ich, dass ich diesen Entwurf heute immer noch genauso umsetzen würde." Ein gutes Gefühl. Silvia Decke ist überzeugt, dass auch gutes Interieur nicht oft umgestaltet werden muss. Jedenfalls dann nicht, wenn es sensibel an die Bewohner angepasst ist – so etwa wie die Dachgeschosswohnung in München-Schwabing.

Das rund 132 Quadratmeter große Apartment, in dem eine Familie mit einem Kind zu Hause ist, verfügt kaum über gerade Wände. „Wie kann ich die Dachschrägen unkonventionell nutzen?", fragte sich die Innenarchitektin bei der ersten Ortsbegehung – und fing mit transparenter Skizzenrolle an zu planen. Das Elternbett rückte sie in eine schräge Nische und trennte den Bereich mit einem luftigen, aber bodenlangen Vorhang elegant ab. Die Loungemöbel im Wohnzimmer »

Die größte Herausforderung: In der Essecke sollten acht Personen Platz finden. Eine zur Sitzbank umgestaltete Stufe zur Dachterrasse macht's möglich.
Stühle Fritz Hansen
Kamineinbau Spartherm

OBEN Down to Earth: Die niedrigen Sofa-Elemente passen sich der Schräge im Wohnzimmer an. Nach oben ist immer noch genug Platz zum Aufstehen.
Sofa B&B Italia
Leseleuchte Artemide

RECHTS Modernes Nesting: Das Polsterbett rutscht unter die Dachschräge und wird durch bodenlange Vorhänge abgeschirmt.
Bett & Bank B&B Italia

RECHTE SEITE Die schmale Konsole hält den Blick auf den Boden frei und weitet, gemeinsam mit einem Spiegel, den langen Flur.
Konsole Ligne Roset

"Inspirationen verankern sich im Unterbewusstsein. Man muss nur verstehen, sie gezielt abzurufen."

SILVIA DECKE

Details
DACHWOHNUNG MÜNCHEN

Anzahl der Bewohner:
3 Personen

Wohnfläche:
131,5 qm

Gesamtwohnfläche:
140,5 qm

Fertigstellung:
05/2016

ducken sich so tief in die Schräge, dass genügend Raum zum Aufstehen bleibt. Größte Herausforderung: Der Esstisch sollte Platz für acht Personen bieten. Silvia Decke knobelte und funktionierte schließlich einen Teil der Stufen zur Terrasse zur gepolsterten Sitzfläche um. „Besonders stolz bin ich auch auf die Anordnung der Küchenelemente", sagt sie. Die Kochnische mit allen Geräten plante sie separat als Einbauwand, die Arbeitsfläche liegt im Bereich einer Gaube, sodass dort genügend Bewegungsspielraum gegeben ist.

In der Küche liegt, wie in der gesamten Wohnung, hochwertiges Walnussparkett. Zum einen, weil ein einheitlicher Boden die Optik weitet und zugleich Behaglichkeit schafft. Zum anderen, weil das Parkett robust genug für intensiv genutzte Räume ist und sich leicht pflegen lässt. Wann ist ein Auftrag für sie erledigt? „Ich habe ein Gefühl dafür, wann alles zu einer Einheit zusammengewachsen ist." Beim Abschlussbesuch empfindet sie jedes Mal Stolz, aber auch etwas Traurigkeit. Natürlich wendet sie sich dann zügig neuen Anfragen zu. Bloß von den Projektunterlagen mag sie sich nicht trennen…

Offen für die Vergangenheit

ANNE PRESTEL
// MÜNCHEN

Im Erdgeschoss des Reihenendhauses ist ein großzügiger Raumfluss gelungen. Anstelle von tragenden Wänden wurden filigrane Stahlstreben eingesetzt.

Tisch Antik Zahn **Stühle** Vitra **Küchenleuchten** Lightyears **Sofa** Ikea **Beistelltisch** Hay

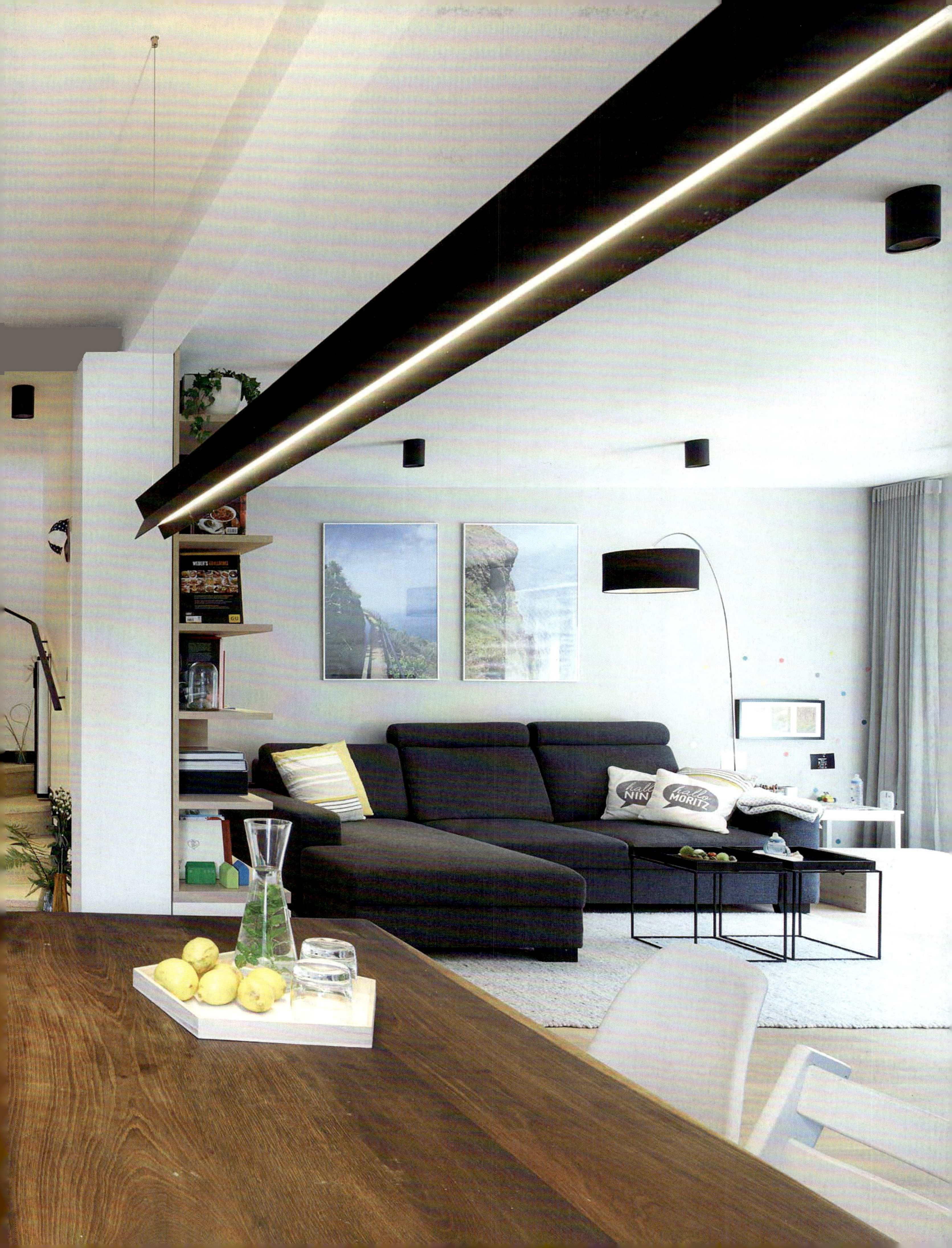
hallo
MORITZ
GU

Das Entree mit Einbauten für viel Stauraum führt ohne Umschweife in die Küche. Die beleuchteten Ablagen in Sonnengelb machen auch an Regentagen gute Laune.
Wandfliesen Made a Mano **Küche** Schreinerei Gleissner **Beleuchtung** Wever & Ducré

RECHTS Eine schwarz lackierte Wendeltreppe führt in den ehemaligen Spitzboden, er ist heute ein lichtdurchflutetes Lese- und Musikzimmer.
Schaukelstuhl Vitra
Beistelltisch Ikea
Wandfarbe Farrow & Ball

UNTEN Helles Holz und dunkle Farben geben dem Schlafzimmer ästhetische Substanz. Die Vorhänge wiederholen den Ton der Wand in einer sanfteren Nuance.
Bett Schreinerei Gleissner
Vorhang Creation Baumann
Kissen Maisons du Monde
Wandfarbe Farrow & Ball

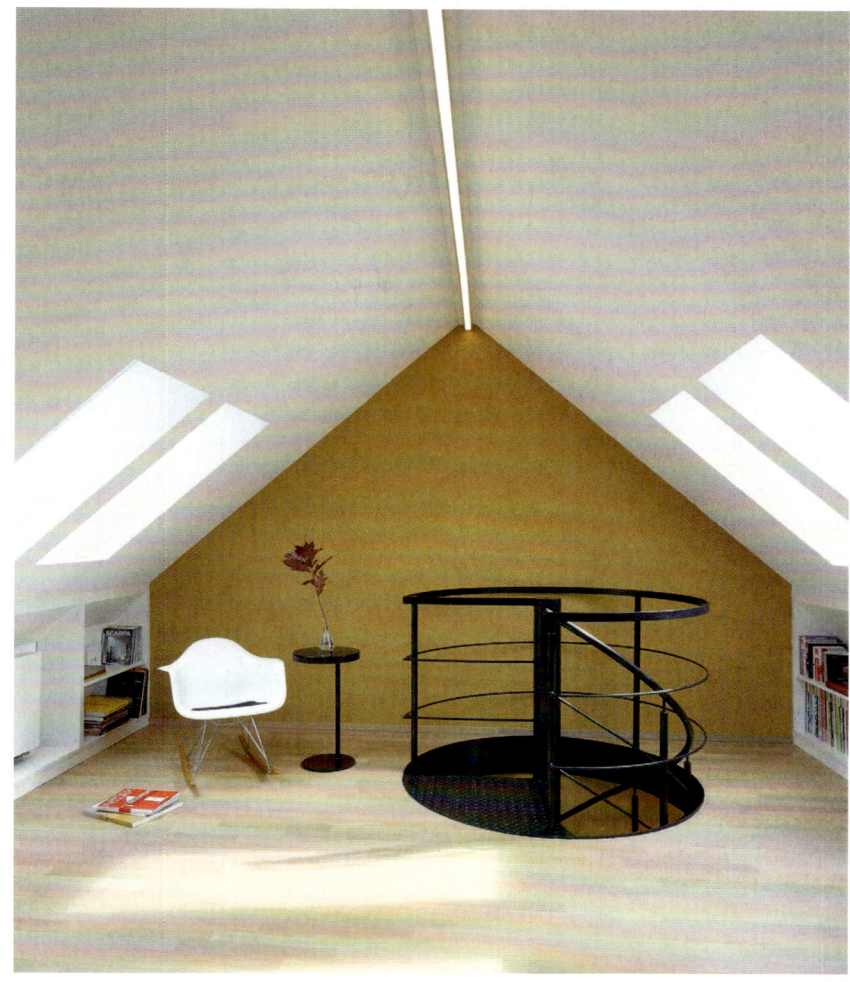

A

Als Mädchen verlor sich Anne Prestel am liebsten in der Antike. Sie reiste viel mit ihren Eltern, erforschte in den Ausgrabungsstätten in Rom oder Ägypten jeden Tunnel, jedes Haus. „Damals war alles noch zugänglich, und meine Körpergröße als Kind hat mir den Zugang erheblich erleichtert." Im Münchner Stadtteil Obermenzing hat sich die Innenarchitektin jetzt ihren eigenen Tempel gebaut. Dieser ruhige, von Kastanien und Eichen umrahmte Familienspielplatz war im früheren Leben ein schmuckloses Reihenendhaus aus den Sechzigern mit Kunststoff-Fenstern und Faserzementplatten am Giebel. Anne Prestel und ihr Mann entschieden sich schon während der ersten Besichtigung zum Kauf. „Wir haben sehr viel verändert", sagt sie. „Doch das Gesamtkonzept hat erst mit der Zeit Gestalt angenommen." Die Innenarchitektin forschte und stieß auf den Architekten August Exter, der 1892 an dieser Stelle eine Villenkolonie angelegt hatte. „Jedes Haus soll nichts anderes sein wollen, als es ist: ein Landhaus", schrieb August Exter zum Bauvorhaben.

Diese Rückbesinnung, innen wie außen, ist dem Haus jetzt anzumerken. Das komplette Erdgeschoss wurde entkernt, statt Wänden stützen zwei schwarz lackierte Stahlträger die Decke. »

OBEN Die Sitzbank unterm Fenster ist eine Schreinerarbeit. Ihre großen Schubladen schlucken das gesamte Kinderspielzeug.
Sofa Ikea **Sideboard** Schreinerei Gleissner **Tischleuchte** Gubi **Vorhang** Creation Baumann

RECHTE SEITE Sympathische Außenwirkung: Das luftige Reihenendhaus mit Holzterrasse, Balkon und Mini-Loggia in der zweiten Etage.

RECHTS Eine schwarz lackierte Wendeltreppe führt in den ehemaligen Spitzboden, er ist heute ein Musikzimmer.
Loungesessel Hay **Beistelltisch** Muuto **Wandfarbe** Farrow & Ball

"Die Räume sind hell, warm und bunt. Ich denke, genauso können wir uns auch beschreiben."

ANNE PRESTEL

Details
SANIERUNG REIHENENDHAUS

Anzahl der Bewohner:
4 Personen

Wohnfläche:
170 qm

Gesamtwohnfläche:
350 qm

Fertigstellung:
09/2017

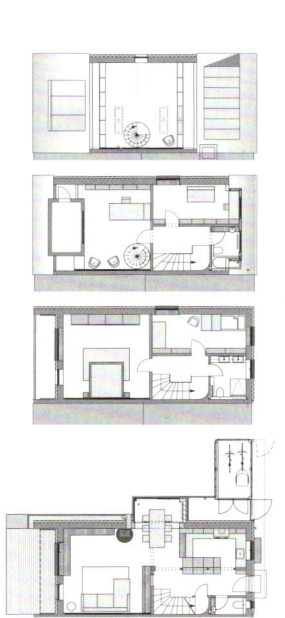

Dazu kam ein Wintergarten, der den Garten ins Wohnen integriert. So entstand aus Windfang, winziger Küche, enger Essnische und Wohnzimmer ein einziger großzügiger Raumfluss. Vom Homeoffice in der zweiten Etage führt eine neue Wendeltreppe hinauf in den Spitzboden, eine großzügige und helle Freifläche. Gestalterisch konzentrierte sich Anne Prestel aufs Wesentliche und ließ die Wände weiß verputzen. „Allerdings hat jeder Raum eine farbige Wand bekommen." Böden, Fenster, die Schiebeläden und die Haustür sind aus Eiche, ebenso wie die Einbauten im Wohnzimmer. Und auch die Vergangenheit hat ihren Platz: „Ich hätte so gerne die Türen im Haus erhalten", sagt die Innenarchitektin. Sie waren allerdings zu abgewohnt, doch immerhin einen Türrahmen konnte sie retten, der nun im Wohnzimmer die Tafelwand einrahmt. „Ich glaube, dass wir uns im Haus spiegeln", sagt die Mutter zweier Kinder. „Wir haben für alle den Platz geschaffen, der nötig ist, um sich auszuleben."

Das Dachgeschoss des ehemaligen Kapitänshauses wurde zum großen Wohnraum mit Küche geöffnet. Die Schrägen, Stützen und Balken erforderten von den Innenarchitekten minutiöse Planung.
Ledersessel Vestervig Eriksen **Sessel** Gelenka **Küche** Next 125 **Backofen** Miele

Klare Linie unter schrägen Wänden

ATELIER N.4
// FLÖHA

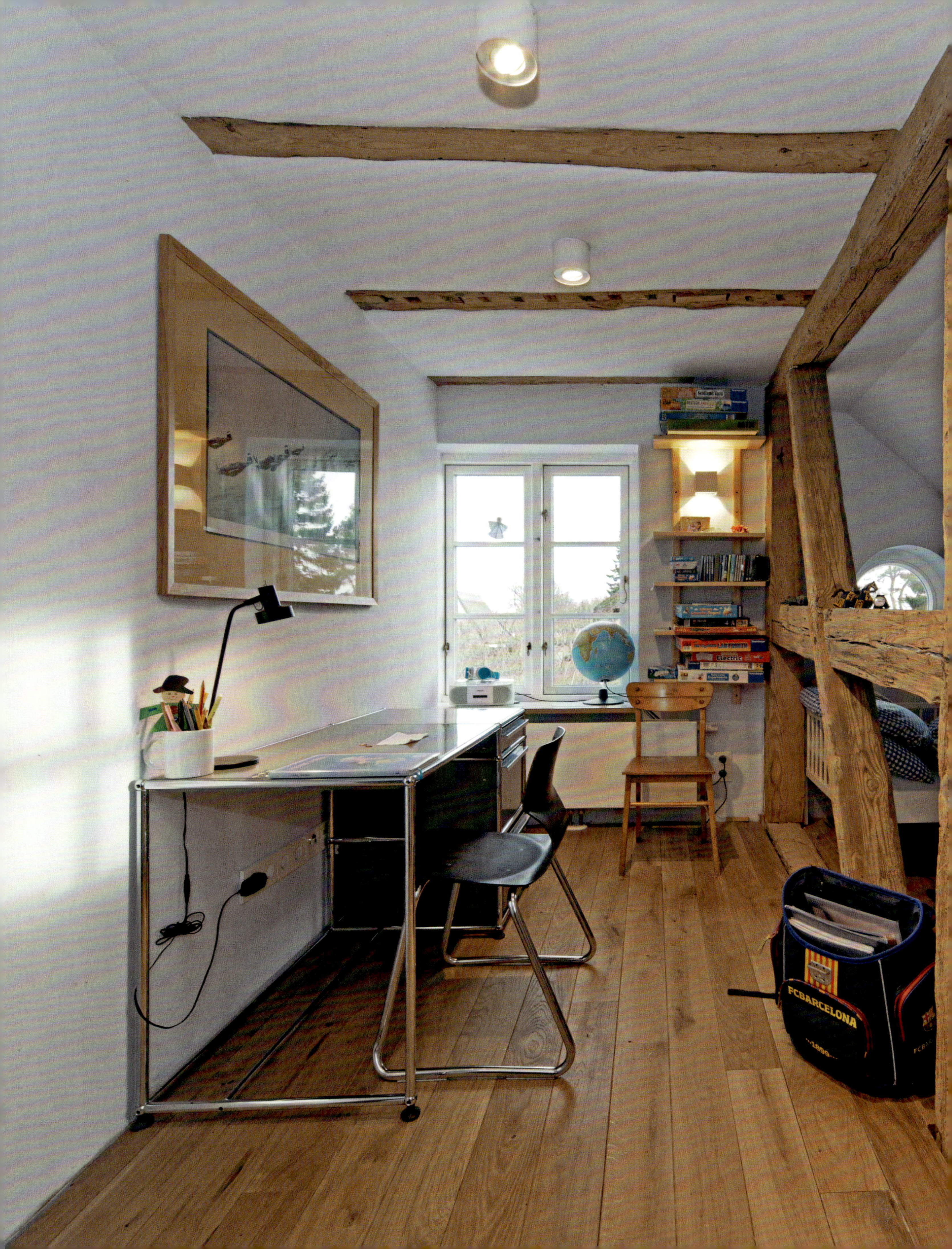
FCBARCELONA

A

Alles muss raus! Das war Barbara Graupners erster Gedanke, als sie das Dachgeschoss des ehemaligen Kapitänshauses am Darß in Mecklenburg-Vorpommern zum ersten Mal sah. Die Eckpunkte des Auftrags klangen nach Herausforderung: ein komplizierter Grundriss, jede Menge Stützen und Gebälk, teilweise aus der Entstehungszeit um 1890, kleine Fenster, viele Schrägen. Dazu kamen die sehr konkreten Vorstellungen der Menschen, die hier wohnten. Sie wünschten sich drei Schlafzimmer, einen offenen Wohnraum mit Kochinsel, ein Familienbad mit Wanne und insgesamt mehr Raumhöhe. „Man muss sich auf den Ort einlassen", sagt Barbara Graupner. Auch wenn dieser Ort 500 Kilometer weit entfernt liegt. Denn die Designerin leitet mit ihrem Mann ein Büro für Innenarchitektur bei Chemnitz: „Wir mussten genau planen."

Zuerst spielte sie, wie bei jedem Auftrag, alle Möglichkeiten im Kopf durch. Eine intuitive Phase, die wie im Traum abläuft: „Das muss ich dann sofort per Fotos und Scribbles mit dem Tablet dokumentieren. Sonst habe ich in kürzester Zeit Vieles wieder vergessen." Mit Ausnahme des Schlafzimmers ließ das Team um Barbara Graupner die Etage komplett entkernen, teilte die Räume neu auf und gewann dadurch viel Platz. Das WC ist heute in einer schwarzen Box untergebracht, der Küchenblock ruht in einem Stahlrahmen. Einige Holzwände sind von zwei Seiten zugänglich, in ihnen ist Stauraum versteckt. „Die Trennwand zwischen Küche und WC ist eine beidseitig nutzbare Funktionswand, ähnlich ist es beim Familienbad."

Langlebige Naturmaterialien wie die Altbalken und die Eichendielen wechseln sich mit modernen Industriestoffen ab. Die Holzwände zum Beispiel bestehen aus mehrschichtig verleimten Fichtenplatten. „Uns ist wichtig, dass wir den Kunden mitnehmen und das Ergebnis gemeinsam entwickelt wird", erklärt die Designerin. Auf rund 125 Quadratmetern ist ein modernes und höchst behagliches Spielfeld entstanden. Ist die Familie zufrieden mit dem Ergebnis? „Wir sind Freunde geworden", sagt Barbara Graupner. Und besser kann eine Zusammenarbeit wohl nicht enden.

OBEN Die frei stehende Wanne erlaubt einen Blick durchs kleine Dachfenster. In der ganzen Etage liegen massive Eichendielen.
Badewanne Bette
Waschtisch Laufen

LINKE SEITE Das Kinderzimmer erhielt durch das Dachgebälk einen natürlichen Raumteiler: Das Bett ist jetzt vom Spiel- und Arbeitsbereich abgetrennt – und hat ein eigenes rundes Fenster.

Der Essplatz ist vor die Verandatür gerückt. Schon beim Frühstück beobachtet die Familie die Küste. Die Rückseite der Küche ist gleichzeitig die Wand zur Toilette, das spart Platz.
Küche Next 125
Elektrogeräte Miele

"Materialökologie und Nachhaltigkeit werden beim Einrichten viel zu häufig unterschätzt."

BARBARA GRAUPNER
ATELIER N.4

Details
WOHNEN UNTERM REET

Anzahl der Bewohner:
4 Personen

Wohnfläche:
106 qm

Gesamtwohnfläche:
124,5 qm

Fertigstellung:
05/2017

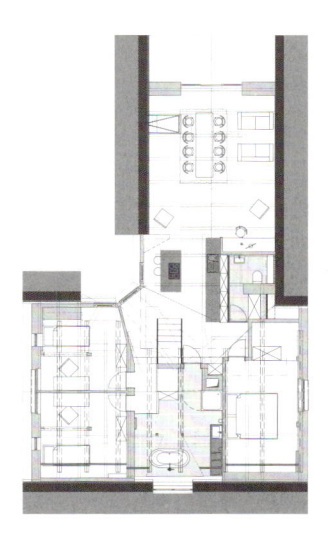

Handgehobeltes Parkett aus antiker Eiche, ein Kamin aus Naturstein und Holzverkleidungen bringen viel Rustikalität ins Neubauapartment.

Sofa Frigerio **Sessel, Couchtisch, Beistelltisch** Gervasoni **Holzhocker** Poliform **Hängeleuchte** Objet Insolite

Warmfront in den Alpen

ANDRIN SCHWEIZER
// ZÜRICH

LINKS Luxuriöse Behaglichkeit: Die Holzwände sollen an ein modernes Chalet erinnern. Die Türen sind Maßarbeiten vom Schreiner.
Konsole Gervasoni **Tischleuchte** Objet Insolite

UNTEN Der Schweizer Bergwelt kann man sich hier auch bequem vom Sofa aus nähern – zum Beispiel mit nostalgischem Lesestoff.

M

Manche Interior Designer sprudeln vor Einfällen, egal wo sie gerade sind. Andrin Schweizer dagegen sucht dafür in erster Linie Ruhe. „Ich brauche das, um mich konzentrieren zu können. Wenn ich am Wochenende allein im Büro bin, habe ich oft die besten Ideen." In diesem Fall galt es, für ein Unternehmerpaar mit zwei Kindern aus einem nüchternen Rohbau ein gemütliches Zuhause auf Zeit zu gestalten. Das Apartment befindet sich in einer Anlage in Davos-Dorf mit Blick auf Wiesen, das Landwassertal und die umliegende Bergwelt. „In Ferienwohnungen will man bewusst anders leben als zu Hause", erklärt der Architekt. „Es wird mehr der Ort als der Bewohner inszeniert."

Nun strahlte der Neubau anfangs keinerlei alpinen Charme aus, und der Grundriss war der Familie ursprünglich zu kleinteilig geplant worden. „Es gibt bei jedem Projekt den Moment, in dem plötzlich alle Puzzlestücke ineinanderpassen. Das löst bei mir immer noch große Euphorie aus." Andrin Schweizer entwickelte ein wesentlich offeneres Konzept und gliederte ein Schlafzimmer dem Wohnraum an. Es dient heute als Bibliothek und Gästezimmer und wird durch eine raumhohe Schiebewand abgetrennt.

„Neben der Raumaufteilung ist die Gratwanderung zwischen gemütlichem Chalet-Chic und einer formalen Sachlichkeit gut gelungen", sagt der Architekt. Er verpasste den 180 Quadrat- »

Das tiefe Sofa, ein Hochflorteppich und ein exklusives Boxspringbett erhöhen den Kuschelfaktor im Schlafzimmer. Der Raum ist zum Bad hin geöffnet.

Bett HGC Cocoon **Nachttisch** Gervasoni **Tischleuchten** Objet Insolite **Sofa** Pinch

OBEN Durch robuste Holzschiebetüren vom Schreiner ist das Fernsehzimmer vom Wohnraum abgetrennt.
Sofa Frigerio **Schaukelstuhl, Schreibtisch, Stuhl** Gervasoni **Leuchte** Objet Insolite

RECHTS Freunde der Kinder sind hier immer willkommen: Etagenbett und eine Schlafcouch schaffen viel Platz für Pyjama-Partys.
Bett, Regale Andrin Schweizer **Schlafsofa** Flexform **Leuchten** Foscarini

RECHTE SEITE Das Bad erhält durch ein Dachfenster Tageslicht. Glastüren schirmen es vom Schlafraum ab.
Waschbecken Catalano **Armaturen** Dornbracht **Wandleuchte** Andrin Schweizer

BEST OF INTERIOR 2018 — Andrin Schweizer — PROJEKTE

"Die gute Beziehung zum Kunden ist für mich ausschlaggebend für den Erfolg eines Projekts."

ANDRIN SCHWEIZER
ANDRIN SCHWEIZER COMPANY

Details
WOHNUNG DAVOS

Anzahl der Bewohner:
4 Personen

Wohnfläche:
180 qm

Gesamtwohnfläche:
200 qm

Fertigstellung:
02/2015

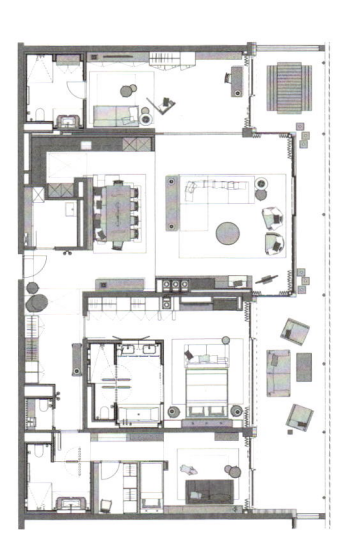

metern mit viel Holz eine große Portion Wärme. Türen, Wand- und Deckenverkleidungen sind aus Eiche, ebenso der handgehobelte und gebürstete Boden. In den Badezimmern verwendete er weichen Kalkstein, der Kamin ist mit Sandstein aus Piombino verkleidet.

Besonders detailreich sind die Reminiszenzen an die urwüchsige Vergangenheit der Region Graubünden. Die Bibliothek etwa präsentiert Zitate aus der Zeit, als die Alpengipfel noch den Entdeckern und Pionieren gehörten. Und auch für spielerische Ironie ist Platz. Im Kinderzimmer kuschelt sich der Nachwuchs bewacht von einer Trophäensammlung aus Plüsch ins Stockbett. „Wenn die Kunden zufrieden sind, kann ich ein Projekt beruhigt loslassen", gibt Andrin Schweizer zu. Dann probiert er neue Hotels aus. Gärtnert. Oder zieht sich mit seinem Mann ins eigene Chalet in die Bündner Berge zurück. Um „einfach mal nichts zu tun und die Tannen auf der anderen Seite des Tals anzuschauen".

Altes Eichenparkett, historische Türen: Die Substanz der Wohnung blieb ursprünglich – der Look ist absolut modern.
Spüle Blanco **Armaturen** Dornbracht **Elektrogeräte** Gaggenau, Siemens

Willkommen in der Bel Etage

HERZOG, KASSEL + PARTNER
// KARLSRUHE

Gekocht wird im ehemaligen Musikzimmer. Die Küche ist sozialer Mittelpunkt des Apartments, die Schiebetüren zum Esszimmer stehen deshalb meist ganz weit offen.

D

Das wichtigste Stück in einer Wohnung? „Ein großer Esstisch", sagt Rudi Kassel, Seniorpartner des Karlsruher Architektenbüros Herzog, Kassel + Partner. Der wesentlichste Raum in seiner neu gestalteten Altbau-Etage ist deshalb – natürlich – das Esszimmer. An der weißen Tafel findet leicht ein Dutzend Besucher Platz und um diese Insel herum bleibt genug Freifläche, um durch die riesigen Sprossenfenster den Ausblick auf den grünen Park zu genießen. Oder entspannt an der Kunst auf den greige getünchten Galeriewänden vorbeizuflanieren. „Wir wollten ein unverwechselbares Zuhause gestalten, das reichlich Platz für Kunst und Gäste bietet", erklärt Rudi Kassel. „Und wir haben die Wohnung so modernisiert, dass die historische Substanz erkennbar und erlebbar bleibt." Historische Türen, antikes Eichenparkett und Wandvertäfelungen bilden den Hintergrund für das kluge wie moderne Wohnkonzept des Architekten.

Der offen gehaltene Wohn-, Koch und Essbereich aus drei ineinander übergehenden Zimmern stellt den sozialen Mittelpunkt dar. Beinahe in jedem Raum sorgt eine gute Dosis dunkler Farbe für Dramatik. Im Esszimmer ist es der beeindruckende, nach Maß gefertigte Teppich, in der Küche die gesamte Wandfläche, im Wohnzimmer das Samtsofa und die Sitzwürfel. Hier kommt das Eigentümer-Paar übrigens ganz ohne Fernseher aus, dafür steht in den Homeoffices je ein Monitor. Das Wohnzimmer ist ein Ort der wirklichen Zusammenkunft und des echten Austausches, mit Kamin und Bücherregalen bis zur Decke. Gibt es Vorbilder für seine Arbeit als Innenarchitekt? „Wir versuchen, selbst kreativ zu sein, und nicht, andere zu imitieren."

Das 285 Quadratmeter große Apartment ist Rudi Kassels bisher persönlichstes Projekt, ein sorgsam austariertes gestalterisches Gesamtbild. „Die erste Besichtigung war ein Once-in-a-Lifetime-Gefühl", schwärmt er. „Ein Altbau-Traum." Genau wie bei seinen Kunden achtete er hier nicht nur auf die Details, sondern behielt immer auch das Gesamtkonzept im Auge. Idealerweise, meint er, sollte ein Interieur alle zehn Jahre umgestaltet werden, fügt aber im gleichen Moment hinzu: „Diese Wohnung entspricht uns zu 100 Prozent."

LINKS OBEN Das Gästezimmer ist ein wohnlicher Rückzugsort mit Fellen, Polstern und Kissen. Das Regal überm Betthaupt stellt die Vasensammlung der Hausherrin aus.
Tischleuchte Tecnolumen

OBEN Dank der hohen Altbauwände bringt das Einbauregal jede Menge Bücher unter. Der Kamin und ein niedriges Sofa schaffen Behaglichkeit.
Sofa, Sitzwürfel, Couchtisch Poliform **Wandleuchte** Flos **Gaskamin** Kalfire

OBEN Vertäfelte Wände und Flügeltüren erinnern an die Vergangenheit. Die sachlichen Designklassiker stehlen der historischen Kulisse nicht die Show.
Tisch & Stühle Vitra **Sideboard** USM

RECHTS Wohnsalon: Das Entree der Wohnung ist ein Galerieraum, ein breiter Durchgang lotst die Gäste ins Esszimmer – dort geht die Kunstschau weiter.
Sofa Cassina **Spiegel** Poliform **Tischchen** Pols Potten

RECHTS OBEN Die verspiegelte Seitenwand der Dusche verbreitert den Raum.
Stuhl Cassina **Armaturen** Grohe **Duschwanne** Bette

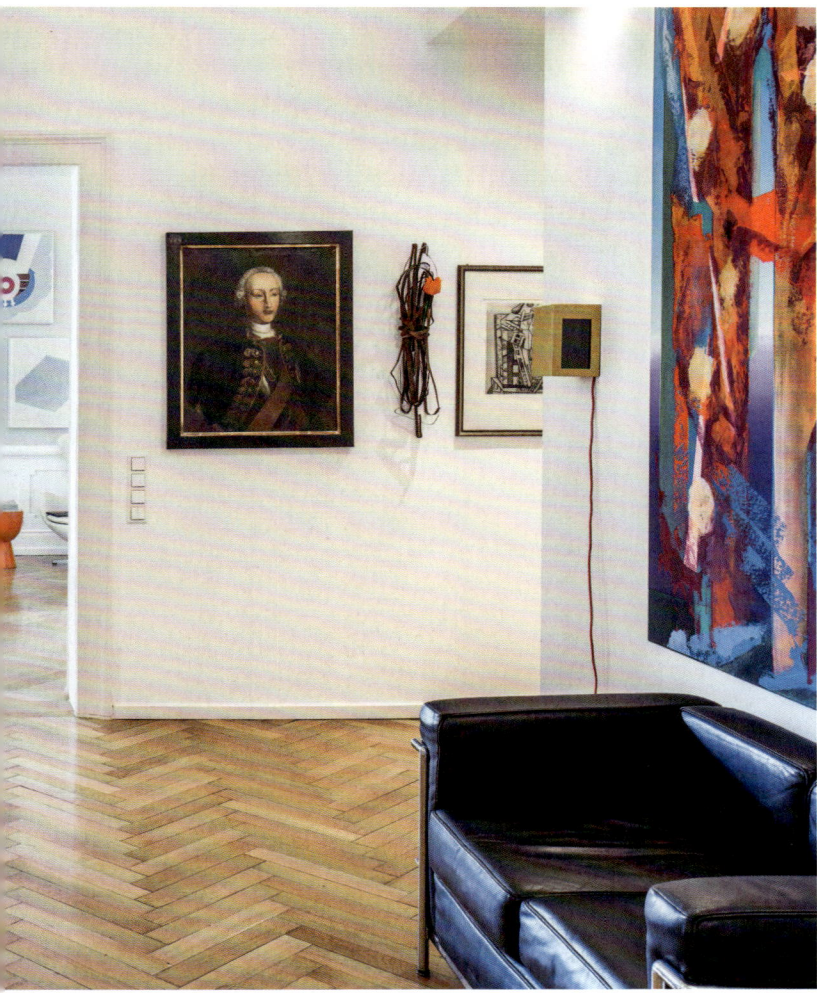

"Bei jedem Ortstermin erfasse ich intuitiv Lichtverhältnisse und Sichtverbindungen nach außen."

RUDI KASSEL
HERZOG, KASSEL + PARTNER

Details
BEL ETAGE

Anzahl der Bewohner:
2 Personen

Wohnfläche:
285 qm

Gesamtwohnfläche:
285 qm

Fertigstellung:
2016

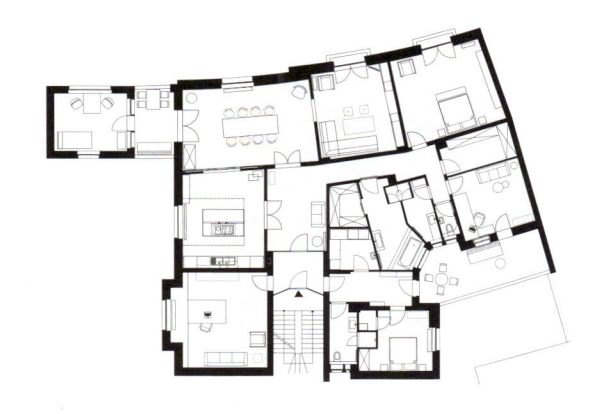

DIESE HERSTELLER LEGEN WIR IHNEN ANS HERZ

Produkt-
informationen

HOFQUARTIER

Die Vielfalt des Besonderen

DAS **PREMIUM-EINRICHTUNGSZENTRUM** MÜNCHENS

D—

Das Hofquartier in Taufkirchen bei München ist ein inspirierender Ort, an dem die exklusive Lebensart ihr Zuhause gefunden hat. Als das Premium-Einrichtungszentrum Münchens bietet es seinen Besuchern individuelle Wohnberatung und anspruchsvolle Raumplanung sowie innovatives Wohndesign von führenden Marken. Durch das vielfältige Angebot, die fachkundige persönliche Beratung und die enge Verbundenheit der einzelnen Aussteller entstehen ganzheitliche Einrichtungskonzepte, die auch den individuellsten Bedürfnissen gerecht werden. Inneneinrichtung und Innenarchitektur sind hierbei stets eng miteinander verbunden und lassen ganz neue Dimensionen des Einrichtens entstehen. Besuchen Sie das Hofquartier, um die schönen Dinge des Lebens zu genießen und die Vielfalt des Besonderen zu erleben.

Das Hofquartier in Taufkirchen bei München bietet Ihnen eine breite Auswahl exklusiver Aussteller und führender Marken rund um die Themen Wohnen, Bauen und Einrichten. Neben der branchenübergreifenden Präsentation der Premium-Produkte bestechen unsere Aussteller durch ihre detaillierte und fachkundige Beratung und die persönliche Betreuung der Kunden.

Kommen Sie vorbei und lassen Sie sich von der Vielfalt des Besonderen überraschen! An sechs Tagen in der Woche für Sie geöffnet.

PRODUKTINFORMATIONEN

217

HOFQUARTIER

HOFQUARTIER
Paul Haberl
Hochstraße 21-23
82024 Taufkirchen
kontakt@hofquartier.de

BEST OF INTERIOR 2018

LAUFEN

SaphirKeramik

DESIGN AUF DAS **WESENTLICHE** REDUZIERT

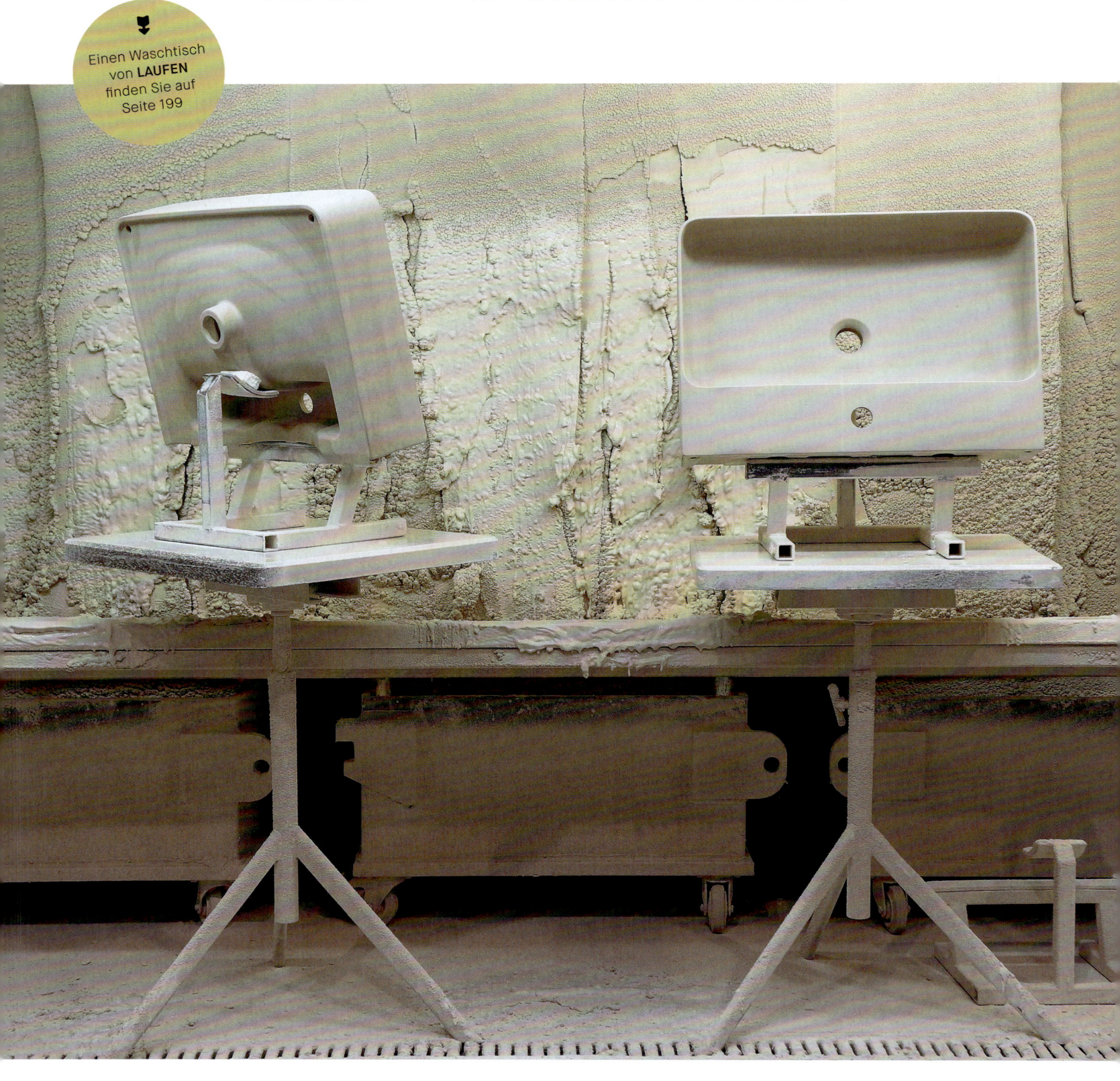

Einen Waschtisch von **LAUFEN** finden Sie auf Seite 199

PRODUKTINFORMATIONEN

LINKS ein Schnitt durch einen Waschtisch aus SaphirKeramik (links) und durch einen Waschtisch aus traditioneller Keramik (rechts). Die SaphirKeramik ermöglicht eine präzisere und schlankere Formensprache und einen vereinfachten Aufbau des Waschtischs. Dabei ist sie außerordentlich robust und geht genauso hygienisch und sicher mit Trinkwasser um wie traditionelle Keramik.

UNTEN LINKS Manuelles Bearbeiten der Rohstücke

UNTEN RECHTS Stücke glasiert, ungebrannt

S

SaphirKeramik ist eine innovative Keramik, die alle hygienischen Vorteile traditioneller Bad-Keramik besitzt, dabei jedoch dünner, definierter und äußerst robust ist. Sie verdankt ihre besonderen Eigenschaften der Beimischung des Minerals Korund, eines farblosen Bestandteils des Saphirs. Seit ihrer Einführung im Jahr 2013 hat sich die SaphirKeramik bereits zu einem Liebling vieler Architekten und Badplaner entwickelt, denn sie erlaubt eine ganz neue Formensprache mit Keramik im Bad, die mit herkömmlicher Keramik so nicht realisierbar ist. Produkte aus SaphirKeramik finden sich in den Kollektionen Kartell by Laufen, Living SaphirKeramik, Val, Ino und Sonar.

Die Laufen Bathrooms AG ist ein Schweizer Unternehmen mit Sitz in Laufen bei Basel, das auf Komplettlösungen für Badezimmer im Premium-Segment spezialisiert ist. Das 1892 gegründete Unternehmen ist international tätig, stellt hochwertige Sanitärkeramik und Armaturen her und vertreibt Möbel, Bad-Accessoires und Badewannen. Die Produkte entstehen in Zusammenarbeit mit Design-Unternehmen und international renommierten Designern und Architekten.

LAUFEN

LAUFEN DEUTSCHLAND
Roca GmbH
Feincheswiese 17
56424 Staudt
Tel.: +49 2602 93610
Fax: + 49 2602 936155
info.staudt@de.laufen.com
www.de.laufen.com

BEST OF INTERIOR 2018

KALDEWEI

Die Geburt einer Badewanne

VON DER EMAILHERSTELLUNG ÜBER DIE STAHLVERFORMUNG BIS ZUR VEREDELUNG: SO ENTSTEHEN BEI **KALDEWEI** OBJEKTE DER MODERNEN BADKULTUR

Produkte von **KALDEWEI** finden Sie auf den Seiten 69 und 146

R

Robuster Stahl und edles Glas gehen bei Kaldewei eine einzigartige Symbiose ein und verbinden sich nach einer streng geheimen Rezeptur zu kostbarem Kaldewei-Stahl-Email. Mit der Erfahrung von 100 Jahren fertigt das Unternehmen aus dem Hightech-Material heute Premium-Badlösungen mit einem konsequent hohen Qualitätsstandard, der in der ganzen Welt geschätzt wird. Kaldewei ist der einzige Badhersteller, der sein Email in der eigenen Schmelze produziert. In Trommelöfen entsteht bei Temperaturen von rund 1.300 Grad eine glühend heiße Emailmasse, die in kaltem Wasser abgeschreckt und mit Farbzusätzen weiterverarbeitet wird. Für den Wannenrohling wird die Platine aus mikrolegiertem Titanstahl auf einer Badewannen-Presse in Form gezogen und mit Ablauf- sowie Überlaufloch, Erdungs- und Transportlaschen sowie Nocken für die Fußbefestigung ausgestattet. Mithilfe von Spritzrobotern wird das Grundemail auf den Wannenrohling aufgetragen und eingebrannt. Die anschließende Deckemaillierung verleiht dem Produkt sein Finish. Bevor eine Badewanne das Kaldewei-Werk verlässt, wird sie einer sorgfältigen Qualitätsprüfung unterzogen. Nur wenn sie diese erfolgreich absolviert, geht sie in den Verkauf. Diesen hohen Qualitätsanspruch unterstreicht Kaldewei mit seiner 30-jährigen Materialgarantie.

PRODUKTINFORMATIONEN

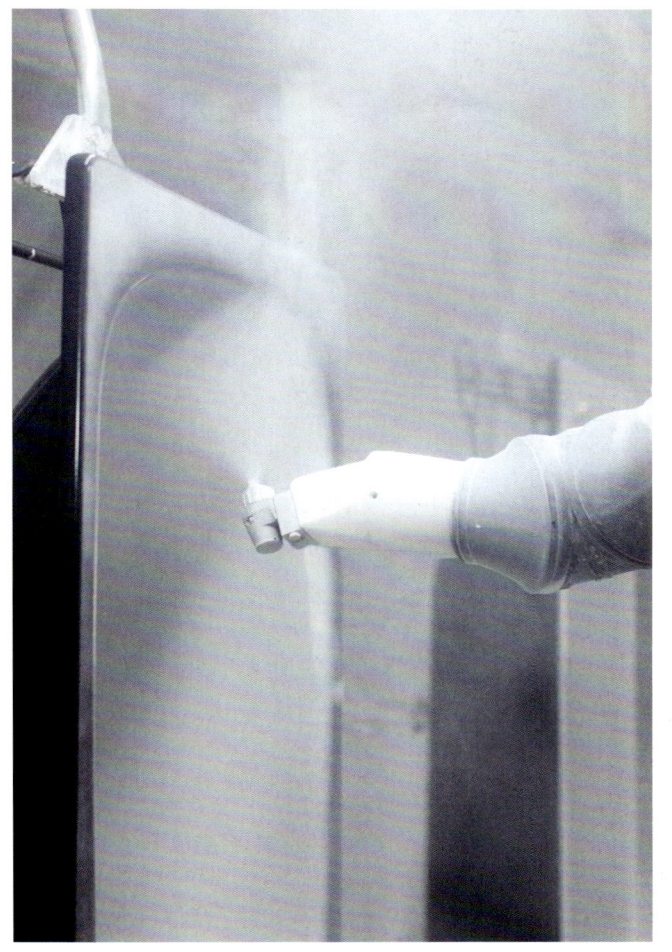

Kalifornischer Borax, skandinavischer Feldspat, Quarz, Soda – die Rezeptur des Kaldewei Email und den Prozess der Stahlverformung hat der Badhersteller im Laufe seiner 100-jährigen Firmengeschichte immer wieder revolutioniert. Für den Emaillierungsprozess der Badlösungen werden serienmäßig mechanische Roboter eingesetzt. Das Email wird so gleichmäßig aufgebracht und in den Trommelöfen bei 850 Grad eingebrannt. Das Ergebnis ist ein durchgängig hoher Qualitätsstandard aller Kaldewei-Produkte.

KALDEWEI

FRANZ KALDEWEI GMBH & CO. KG
Beckumer Straße 33–35
59229 Ahlen
Tel.: + 49 2382 7850
Fax: + 49 2382 785200
info@kaldewei.de
kaldewei.de

BEST OF INTERIOR 2018

FOLDART

FOLDWALL

IT`S NOT JUST A **WALL** - IT`S A STATEMENT

ÄSTHETIK PUR Die befaltete Wandfläche mit FOLDWALL in weiß formt aus Licht und Schatten Begeisterung. So puristisch und schön kann ein ganz besonderer Eye-Catcher sein.

EXCELLENT PRODUCT DESIGN
Foldwall ist nominiert für den German Design Award 2019

GERMAN DESIGN AWARD 2019

PRODUKTINFORMATIONEN

A

Als Architekt und Designer suchen Sie neue, außergewöhnliche und faszinierende Eye-Catcher. Mit Foldwall eröffnen sich Ihnen jetzt Interior-Gestaltungen, wie es sie in dieser Form bisher nicht gab. Setzen Sie Zeichen: mit Wandflächen, die aus Licht und Schatten Begeisterung formen.

Foldwall ist nominiert für den German Design Award 2019 für exzellentes Produktdesign. Die befalteten Flächen bilden Einzelelemente, die in zwei Größen erhältlich sind: Foldwall 100 in 500 x 530 mm und Foldwall 75 in 375 x 390 mm. In vielen Oberflächen: matt und glänzend in Rot, Gelb, Blau, Schwarz, Weiß, mit Struktur, in Spiegelflächen silber- und goldfarben. Weitere Oberflächen auf Anfrage. Das Aluverbundmaterial ist extrem robust, temperaturbeständig und erfüllt die B1-Brandschutz-Klassifizierung. Eine weitere Besonderheit ist das innovative und flexible FOLDWALL System zur Befestigung der einzelnen Elemente: stabil, passgenau, wieder abnehmbar. Foldwall ist eine Marke der Foldart GmbH. Und wenn Sie den Unternehmenssitz von Foldart betreten, spüren Sie, dass Design hier Unternehmensphilosophie ist. Ein Team aus Perfektionisten und Kreativköpfen. Mit Herzblut und Leidenschaft.

ERHABENE FALTKUNST von FOLDWALL gibt Architekten völlig neue Design-Perspektiven.

INNOVATIV UND FLEXIBEL Das FOLDWALL Befestigungssystem befestigt die Elemente stabil und wieder abnehmbar.

FOLDWALL

FOLDART GMBH
Rosenheimer Straße 72
83059 Kolbermoor
www.foldwall.de

BETTE

Effektvolles Farbenspiel

BADELEMENTE IN DEN NEUEN **EFFEKT-FARBEN** FESSELN DEN BLICK UND ERZEUGEN EINE NEUE ART DER FARBWAHRNEHMUNG IM BAD.

Eine Badewanne von BETTE finden Sie auf Seite 199

Mit glitzernden Pigmenten verleiht die neue Farbe Midnight der Bette Loft Ornament Glanz und Glamour.

E

Effekt-Farben von Bette: Extravagante Farben werden für kleine Räume immer beliebter, auch für das Bad. Mit den eigens von Bette entwickelten Effekt-Farben Midnight, Forest und Blue Satin eröffnet sich eine Vielzahl von neuen, inspirierenden Möglichkeiten.

Mehr Bling-Bling im Bad: Glamourös und brillant wirkt die Effekt-Farbe Midnight. Der anthrazitfarbene Grundton ist von feinsten Glitzerpartikeln durchzogen. Je nach Lichteinfall erscheint die Glasur dunkel mysteriös bis funkelnd intensiv. Ideal in Kombination mit Schwarz und als Kontrast zu matten Natursteinböden.

Mysteriöses Farbspiel: Dunkel und geheimnisvoll schimmert die Effekt-Farbe Forest. Der grüne Grundton erhält je nach Lichteinfall einen braun und violett changierenden Glanz. Die Glasur zeigt ein spektakuläres Spiel der Farben und wirkt fließend, organisch und elegant. Der glasierte Titan-Stahl, aus dem der Badspezialist seine Badewannen, Waschtische und Duschflächen fertigt, erhält dadurch eine reizvolle optische Tiefe und wirkt geradezu lebendig.

Schimmernde Eleganz: Der weiche Schimmer von zartem Perlmutt umspielt den hellblauen Ton der Effekt-Farbe Blue Satin. Sie verleiht Bette-Badelementen eine besondere Aura. Zart schimmernd und von vollendeter Eleganz.

PRODUKTINFORMATIONEN

Der glasierte Titan-Stahl erhält durch die Effekt-Farben eine reizvolle optische Tiefe und wirkt geradezu lebendig. Da die neuen Farben im bewährten Nass-in-Nass-Email-Verfahren von Bette eingebrannt werden, kommt der Nutzer auch in den Genuss aller Vorteile, die glasierter Titan-Stahl zu bieten hat: Eleganz, Robustheit, Hygiene, Pflegeleichtigkeit, Kratzfestigkeit und UV-Beständigkeit.

Die Badewanne Bette Lux Shape in der neuen Farbe Forest changiert je nach Lichteinfall geheimnisvoll zwischen Grün, Braun und Violett.

BETTE

BETTE GMBH & CO. KG
Heinrich-Bette-Straße 1
33129 Delbrück
Tel.: +49 5250 5110
Fax: +49 5250 511130
info@bette.de
www.bette.de

BEST OF INTERIOR 2018

BRILLUX

Exklusives Bodendesign

KREATIVER **SPACHTELBODEN** MIT GROSSER FARBTONVIELFALT

PRODUKTINFORMATIONEN

GANZ LINKS Floortec 2K-Mineralico SL 470 erzielt schon in der einfarbigen Verarbeitung eine schöne, leicht schlierenartige Textur in der Oberfläche. Dieser Effekt lässt sich durch eine zweifarbige Verarbeitung steigern.

LINKS Sei es, um eine monolithische, schwere Bodenfläche mit Industriecharakter zu erzielen oder in verschiedenen Farbigkeiten das eigene Corporate-Design zu realisieren. Mit dem Spachtelboden Floortec 2K-Mineralico SL 470 sind der Kreativität keine Grenzen gesetzt.

UNTEN Farbtonvielfalt: Der Farbtonblock Floortec 2K-Mineralico SL 470 bietet Planungssicherheit und gibt in den fünf Farbtongruppen stone, spicy, water, candy und loft eine Übersicht über die insgesamt 60 Farbtöne des Systems.

M

Moderne Loftoptik, fugenlose Weite, Farbtonvielfalt und individuelle Schattierungen – mit der kreativen Bodenspachtelmasse Floortec 2K-Mineralico SL 470 offeriert Brillux ein System für die Gestaltung hochwertiger Bodenflächen im Objekt- und Privatbereich. Der Clou: Der Spachtelboden ist in 60 Farbtönen lieferbar. Ob in Shops, Gastronomie, Wellnessbereichen oder im privaten Wohnbereich: Kreative Spachtelböden sind der Inbegriff von Exklusivität. Mit puristischer Optik und Industrie-Charme stehen sie in der modernen Gestaltung hoch im Kurs. Darüber hinaus ist der Spachtelboden widerstandsfähig und schmutzunempfindlich.

Gestaltungsvielfalt und Planungssicherheit

Mit aktuell 60 verschiedenen Farbtönen eröffnet sich eine enorme Vielfalt zur kreativen und persönlichen Bodengestaltung. Mit der individuellen Spachtelrichtung bekommt jeder Boden einen einzigartigen lebendigen Effekt. Es besteht auch die Möglichkeit, verschiedene Farbtöne miteinander zu verarbeiten, wodurch die schlierenartige Textur als Gestaltungsmittel noch intensiviert werden kann. Der Farbtonblock Floortec 2K-Mineralico SL 470 bietet Architekten und Handwerkern Sicherheit in der Planung und Beratung. Gestaltungsbeispiele, eine Farbtonübersicht sowie eine Anwendungsbeschreibung und ein Verarbeitungsvideo finden Sie unter www.brillux.de/mineralico.

Brillux
..mehr als Farbe

BRILLUX GMBH & CO. KG
Weseler Straße 401
48163 Münster
www.brillux.com

ALAPE

Manufaktur individueller Waschplatzlösungen

Adolf Lamprecht gründete 1896 im sächsischen Penig ein Emaillier- und Stanzwerk und legte damit den Grundstein für das heute unter dem Akronym «Alape» firmierende Unternehmen. Seit dem Umzug 1954 fertigt Alape im niedersächsischen Goslar individuelle Waschplatzlösungen für den privaten und halböffentlichen Bereich. Grundlage des Erfolges sind die aus glasiertem Stahl gefertigten Waschbecken und Waschtische sowie eine einzigartige Symbiose von Handwerk und Technik innerhalb des Manufakturprozesses.

Die traditionelle Verwendung glasierten Stahls ermöglicht die nötige Gestaltungsfreiheit, um die Prägnanz der Produkte in Form und Vielfalt auszureizen. Die Materialeigenschaften, die handwerkliche Feinarbeit und der Innovationsgeist der Goslarer Manufaktur sind es auch, die die Badarchitektur bis heute nachhaltig prägen: So entwickelte Alape u. a. zu Beginn der 1930er Jahre das Ausgussbecken, ein bis heute produzierter Klassiker für Hauswirtschaftsraum und Garten, sowie in den 1970er Jahren das erste Einbaubecken und die ersten bodenstehenden Waschtische. Seit den 1980er Jahren arbeitet das Unternehmen gemeinsam mit renommierten Designern und Architekten an individuellen Produkt- und Raumkonzepten, die bereits mehrfach mit nationalen und internationalen Designpreisen ausgezeichnet wurden.

Maßgebend für die hohe Qualität der Produkte sind seit jeher die handwerklichen Fertigkeiten der Mitarbeiter sowie die Erfahrung und das Gespür im Umgang mit den verwendeten Werkstoffen. In Verbindung mit modernen, vollautomatischen Technologien ermöglicht dies die exakten und geradlinigen Formen, die das puristische Design von Alape so unverwechselbar machen.

Die Ergänzung der Waschbecken und Waschtische um ebenfalls in Manufaktur gefertigte Möbel sowie Spiegel und Leuchten erweitern den Spielraum und erlauben die Planung individueller Waschplatzlösungen aus einer Hand.

Alape

ALAPE GMBH
Am Gräbicht 1-9
38644 Goslar
Tel.: +49 (0)5321 5580
Fax. +49 (0)5321 558400
info@alape.com
www.alape.com

Adressen
Best of Interior

ADRESSEN

AAg Loebner SchäferWeber
WWW.ARCHITEKTEN-AG.DE
Eppelheimer Straße 46
69115 Heidelberg
Fotos: Thilo Ross

Agnes Morguet
WWW.AGNES-MORGUET.COM
Zeughausstraße 10
50667 Köln
Fotos: Agnes Morguet

Andrin Schweizer
WWW.ANDRINSCHWEIZER.CH
Giesshübelstrasse 62d
CH-8045 Zürich
Fotos: Markus Bertschi

Anne Prestel
WWW.ANNEPRESTEL-INNENARCHITEKTUR.DE
Barystraße 2
81245 München
Fotos: Stefan Müller-Naumann

Architekturbüro HM Zeilberger
WWW.HM-ZEILBERGER.DE
Anglstraße 18
94121 Salzweg
Fotos: Erich Spahn

Arnold / Werner
WWW.ARNOLDWERNER.COM
Isabellastraße 13
80798 München
Fotos: Tuulikki Jaeger

Atelier n.4
WWW.ATELIER-N4.DE
Zum Gewerbegebiet 3
09557 Flöha
Fotos: Joris Mau

Betha & Schneider
WWW.BETHASCHNEIDER.DE
Karlsbergstraße 8
66424 Homburg
Fotos: Prof. Jens Betha

Blocher Partnes
WWW.BLOCHERPARTNERS.COM
Herdweg 19
70174 Stuttgart
Fotos: Harshon Thomson

Büro Korb
WWW.BUEROKORB.DE
Altonaer Poststraße 9b
22767 Hamburg
Fotos: Marc-Oliver Schulz

Design in Architektur
WWW.DESIGN-IN-ARCHITEKTUR.DE
Soderstraße 16a
64283 Darmstadt
Fotos: Gregor Schuster

Emma B. Home
WWW.EMMABHOME.COM
Harvestehuder Stieg 9
20149 Hamburg
Fotos: Anne Kleist & Roman Raacke

Ester Bruzkus Architekten
WWW.ESTERBRUZKUS.COM
Schwedter Straße 34a
10535 Berlin
Fotos: Jens Bösenberg

Esther Strohecker
WWW.ESTHER-STROHECKER.DE
Coerdestraße 54
48147 Münster
Fotos: Hartwig Wachsmann

Fries Architekten
WWW.FRIES-ARCHITEKTEN.DE
Rheinstraße 103
56179 Vallendar
Fotos: Dominic Brüning & Artur Lik

Henrike Becker
WWW.HENRIKE-BECKER.DE
Adolfstraße 22
23568 Lübeck
Fotos: Lisa Winter

Herzog, Kassel + Partner
WWW.HERZOG-KASSEL.DE
Kaiserallee 32
76185 Karlsruhe
Fotos: Thomas Berger

Holzrausch
WWW.HOLZRAUSCH.DE
Corneliusstraße 2
80469 München
Fotos: Gerhardt Kellermann

Ippolito Fleitz Group
WWW.IFGROUP.ORG
Augustenstraße 87
70197 Stuttgart
Fotos: Zooey Braun & Eric Laignel

Jonico
WWW.JONICO.INFO
Hettner Fabrik B51
53902 Bad Münstereifel
Fotos: Jana Stening

kplus konzept
WWW.KPLUS-KONZEPT.DE
Stoffeler Straße 14
40227 Düsseldorf
Fotos: Markus Kratz

Noa
WWW.NOA.NETWORK
Sernesistraße 34
I-39100 Bozen
Fotos: Alex Filz

Purpur
WWW.PURPUR.DE
Neue Mainzer Straße 1
60311 Frankfurt am Main
Fotos: Thorsten Ruppert

Silvia Decke
WWW.SILVIADECKE.DE
Schraudolphstraße 3a
80799 München
Fotos: Dieter Konrad Photograhy

Studio Plietsch
WWW.STUDIOPLIETSCH.DE
Schlankreye 38
20144 Hamburg
Fotos: Moritz Kitzmann

von Savigny Interior
WWW.VONSAVIGNY-INTERIOR.DE
Hofgut Trages 1
63579 Freigericht
Fotos: Wolfgang Uhlig

Alle Zeichnungen, Pläne, Gebäudedaten und das Potrait wurden von den Innenarchitekturbüros freundlicherweise zur Verfügung gestellt.

IMPRESSUM

CALLWEY
SEIT 1884

© 2018
Verlag Georg D.W. Callwey
GmbH & Co. KG

Streitfeldstraße 35, 81673 München
buch@callwey.de
Tel.: +49 89 436 00 50
www.callwey.de

Wir sehen uns auf Instagram:
www.instagram.com/callwey

ISBN 978-3-7667-2372-7
1. Auflage 2018

Das Werk einschließlich aller seiner Teile ist urheberrechtlich geschützt. Jede Verwertung außerhalb der engen Grenzen des Urheberrechtsgesetzes ist ohne Zustimmung des Verlages unzulässig und strafbar. Das gilt insbesondere für Vervielfältigungen, Übersetzungen, Mikroverfilmungen und die Einspeicherung und Verarbeitung in elektronischen Systemen.

Autorin
Tina Schneider-Rading

Tina Schneider-Rading gehört zu den renommiertesten Autoren der Wohnbranche und betreut die textliche Seite des Best of Interior-Awards bereits im zweiten Jahr. Sie studierte Literatur und Psychologie in München, ihr Büro ist spezialisiert auf Wohn- und Reisereportagen, psychologische Dossiers, Interviews und Porträts. Die Artikel der ausgebildeten Journalistin erscheinen in exklusiven Publikumszeitschriften und Lifestyle-Magazinen. 2017 veröffentlichte sie den Gründungsratgeber "Shop Girls" im Callwey Verlag.

Blick hinter die Kulissen: Handle with Love

Unsere Jury-Experten aus Hamburg, Barcelona, München und dem Ruhrgebiet mussten sich innerhalb eines Vormittags auf 30 tragfähige Interieurs einigen und im Verlag aus einer Bilderflut die besten Projekte herausfiltern. Das taten sie – gründlich und behutsam. Der Sticker an der gelben Bikerjacke von Jurorin Carolin Stephan fasste die Stimmung pefekt zusammen: "Handle with Love" stand darauf, übersetzt also: mit Liebe behandeln. Übung gelungen!

Dieses Buch wurde in CALLWEY QUALITÄT für Sie hergestellt:

Als Inhaltspapier haben wir ein Magno Matt in 150 g/m2 verwendet – ein matt gestrichenes Bilderdruckpapier mit erhöhtem Volumen. Die reflexionsarme Oberfläche gibt dem Inhalt den gewünschten modernen Charakter. Das Hardcover besteht aus bedrucktem Surbalin-Papier und wird von einem hochwertigen, mit Spotlack und Goldprägung veredelten, Umschlag geschützt.
Dieses Buch wurde in Deutschland gedruckt und gebunden bei der Firmengruppe APPL, aprinta druck GmbH in Wemding.

**VIEL FREUDE MIT
DIESEM BUCH WÜNSCHEN IHNEN**

PROJEKTLEITUNG
Raffaela Reif

LEKTORAT
Caroline Kazianka

KORREKTORAT
Constanze Lüdicke

GESTALTUNG
Sina Preuße

HERSTELLUNG
Franziska Gassner